W0248693

Roland Hanewald
Insel Föhr

Diese Landschaft hat gar nichts
Äußerliches, Lautes.

Christian Morgenstern über Föhr, 1905

Impressum

Roland Hanewald
Insel Föhr
erschienen im
Reise Know-How Verlag Peter Rump GmbH
Osnabrücker Str. 79, 33649 Bielefeld

5., neu bearbeitete und komplett aktualisierte Auflage 2010

Gestaltung
Umschlag: G. Pawlak, P. Rump (Layout);
G. Pawlak (Realisierung)
Inhalt: G. Pawlak (Layout und Realisierung)
Karten: Catherine Raisin, der Verlag
Fotos: Roland Hanewald (rh)
Titelfoto: Roland Hanewald

Lektorat: Liane Werner
Lektorat (Aktualisierung): Justine Haida

Druck und Bindung: Media Print, Paderborn

ISBN 978-3-8317-1890-0
Printed in Germany

Dieses Buch ist erhältlich in jeder Buchhandlung Deutschlands, der Schweiz, Österreichs, Belgiens und der Niederlande. Bitte informieren Sie Ihren Buchhändler über folgende Bezugsadressen:

Deutschland
Prolit GmbH, Postfach 9, D-35461 Fernwald (Annerod)
sowie alle Barsortimente

Schweiz
AVA-buch 2000, Postfach, CH-8910 Affoltern

Österreich
Mohr Morawa Buchvertrieb GmbH, Sulzengasse 2, A-1230 Wien

Niederlande, Belgien
Willems Adventure, Postbus 403, NL-3140 AK Maassluis

Wer im Buchhandel trotzdem kein Glück hat,
bekommt unsere Bücher auch über unseren
Büchershop im Internet: www.reise-know-how.de

Wir freuen uns über Kritik, Kommentare und Verbesserungsvorschläge, gern per E-Mail an info@reise-know-how.de.

Alle Informationen in diesem Buch sind vom Autor mit größter Sorgfalt gesammelt und vom Lektorat des Verlages gewissenhaft bearbeitet und überprüft worden. Da inhaltliche und sachliche Fehler nicht ausgeschlossen werden können, erklärt der Verlag, dass alle Angaben im Sinne der Produkthaftung ohne Garantie erfolgen und dass Verlag wie Autor keinerlei Verantwortung und Haftung für inhaltliche und sachliche Fehler übernehmen. Die Nennung von Firmen und ihren Produkten und ihre Reihenfolge sind als Beispiel ohne Wertung gegenüber anderen anzusehen. Qualitäts- und Quantitätsangaben sind rein subjektive Einschätzungen des Autors und dienen keinesfalls der Bewerbung von Firmen oder Produkten.

057ha-foe Foto: rh

Vorwort

Alkersum, Boldixum, Borgsum, Dunsum (Groß- und Klein-), Klintum, Midlum, Nieblum, Oevenum, Oldsum, Toftum, Utersum, Witsum, Wrixum – da ummt sich ganz schön was zusammen auf Föhr. Nur Goting, Süderende und Wyk machen barmherzigerweise eine Ausnahme.

Schmale Straßen, viele mit null Verkehr, durch die flache Prärie, Blumen am Wegrand. Ein endlos erscheinender Deich voller Schafe umgibt großenteils die platte, grüne Schüssel Föhr, 82 Quadratkilometer groß. Darin: Rindviecher, überall. Elftausend sind es ungefähr, fast eineinhalb pro Föhrer. Davor: Schöne Strände an der Südküste (auch ein paar Strandstreifen im Norden), und ansonsten riesige Flächen schlickigen bis sandigen Watts, bei Ebbe trockenfallender Meeresboden, auf dem man sogar nach der Nachbarin Amrum hinübermarschieren kann.

Darüber (allerdings nicht immer): Der berühmte „hohe" Nordseehimmel, der zustande kommt, wenn nördliche Winde Klarheit in der Atmosphäre schaffen und das Firmament zu einer transparenten Glocke umgestalten, die Distanzen aufeinander rücken lässt. Für die Schön- und Eigenheiten der Insel Föhr konnten sich schon frühere Besucher erwärmen, besonders für die gelungene Mischung von Land und See.

Föhr ist in mancher Hinsicht erfreulich konservativ geblieben. Und doch haben ultramoderne ökologische Elemente Einzug gehalten, legendär z. B. der „Föhrer Dosenschwur" – eine beeidete Absage an die Abfallkultur unserer Zeit.

Dazu gesellen sich mit Wyk eine gemütliche „Hauptstadt" und mit der auf -um endenden Schar eine Anzahl von „Friesendörfern", die zu den hübschesten des deutschen Nordens zählen. Alles in allem: Sehr verföhrerisch! Man sollte einmal eine Reise wagen ...!

Roland Hanewald

Inhalt

Exkurse

Kartenverzeichnis

058ha-foe Foto: rh

Allgemeine Reisetipps

Anreise

Überfahrt mit der Fähre

Fährverbindungen

Die Fährverbindungen zwischen dem Festland und Föhr sind **nicht gezeitenabhängig;** deshalb gibt es einen festen Fahrplan. Im Sommer besteht **ab Dagebüll** von frühmorgens bis spätabends bis zu zwölfmal täglich ein Fähranschluss, und zwar circa alle eineinhalb Stunden. Im Hochsommer werden bei großem Andrang zusätzliche Fähren eingesetzt; im Winter ist die Zahl der Abfahrten etwas niedriger.

Fahrpläne liegen bei der Bahn vor. Man kann sie sich auch von der Reederei W.D.R. zuschicken oder -faxen lassen, sofern man nicht von moderneren digitalen Einrichtungen Gebrauch macht. Reservierungen für Passagiere sind nicht erforderlich.

Auskunft

- **W.D.R.-Zentrale Wyk:** Am Fähranleger 1, Postfach 1540, Tel. 01805-080140 (Festnetz, bundesweit), Tel. 01801-937937 (Ortstarif Festnetz Inseln u. Halligen), info@faehre.de.
- **Internet:** www.faehre.de

003ha-foe Foto: rh

Fähre verpasst

Es empfiehlt sich, das **Kleingedruckte im Fahrplan** sorgfältig zu studieren. Es kann nämlich geschehen, dass man eine mickrige Fußnote übersieht und dass einem die letzte Fähre deshalb davonsegelt. Auch kann man, was immer wieder vorkommt, leicht auf dem falschen Boot landen, wenn man nicht auf die Destinationsschilder am Terminal achtet.

Preise (in Euro)

Ab Dagebüll

• Personen	
- Einfache Fahrt (Erw.)	6,25
- Einfache Fahrt (Kinder 4-11 Jahre)	3,25
- Rückfahrkarte (6 Monate gültig)	12,50
- Rückfahrtkarte (Kinder 4-11 Jahre)	6,25

• Fahrzeuge	
- Fahrrad (Rückfahrt)	4,50
- Mofa (Rückfahrt)	14,00
- Motorrad (Rückfahrt)	22,50
- Autos: s. u.	

An Bord

Die **Fahrzeit** von Dagebüll nach Wyk beträgt etwa 45 Minuten. Größeres Gepäck kann per Lieferdienst geschickt werden, s. u. „Anreise mit dem Auto“.

Auf allen Decks der Fähren ist das **Rauchen** nicht erlaubt.

Schilder, die das **Füttern von Möwen** verbieten, sehen recht erheiternd aus, haben aber ihre Berechtigung. Zum einen verlieren die Vögel durch die Fütterungen ihre natürlichen Ernährungsinstinkte; außerdem sind Toastbrot und Kartoffelchips nicht das Gesündeste für sie. Zum anderen geben die vollgefressenen Flieger flächendeckend wieder etwas von sich, das die Kleidung übel verkleistert und den Getroffenen nicht nur als Zielscheibe des Drecks, sondern auch der allgemeinen Belustigung dastehen lässt.

Seekrankheit ist auf den tonnageträchtigen Fähren kein Thema. Die befahrenen Gewässer sind durch die vorgelagerten Inseln und Watten geschützt, und wenn es einmal ganz dick kommt, verkehren die Schiffe ohnehin nicht mehr.

Anreise mit dem Auto

Bis Dagebüll

Aus Richtung Süden (Hamburg, via Heide und Husum) führen die A 23 und B 5 nach Dagebüll, beides relativ staufreie Straßen. Die Fährverbindung Cuxhaven – Brunsbüttel existiert leider nicht mehr. Man kann jedoch weiterhin bei Glückstadt per Fähre über die Elbe setzen.

Parken in Dagebüll

Landseitig des Deiches in Dagebüll stehen mehrere sturmflutsichere **Parkplätze und Garagen** zur Verfügung, um den Wagen dort abzustellen. Das Parken ist kostenpflichtig (€ 4-6 pro Tag auf Parkplätzen, ab € 6 in Großgaragen; Info Tel. 04667-255). Wer sich diesen Posten sparen möchte und das Auto auf der Seeseite parkt, kann die böse Überraschung erleben, dass ihm das Gefährt bei

Sturmflut (die auch im Hochsommer nie gänzlich auszuschließen ist) auf halbem Wege zur Insel entgegenschwimmt. Falls es noch schwimmt, natürlich ...

Für die Parkplätze und Garagen ist **keine Anmeldung** erforderlich.

Mit dem Auto auf die Insel?

Die ökobewusste Insel Föhr legt Besuchern nahe, als Beitrag zur insularen Hygiene das Auto **auf dem Festland stehen zu lassen.** Langfristig bestehen ohnehin Pläne, den Kraftverkehr auf der Insel zu reduzieren. Zwar kann von „Autofreiheit" keine Rede sein, denn Föhr hat ja stattliche Dimensionen und fast 10.000 Einwohner, die zum Teil eigene Fahrzeuge besitzen. Doch Appelle an die Vernunft der Besucher tragen schon jetzt Früchte.

Für die **Fortbewegung auf der Insel** steht ein Netzwerk von Bussen zur Verfügung, mit dem sich fast jeder bewohnte Punkt erreichen lässt und was nicht viel kostet.

Da es in vielen Fällen ohnehin nur zur Gepäckbeförderung benutzt wird, bietet sich die Alternative an, das **Auto in Dagebüll abzustellen** und,

015no-rh Foto: rh

sofern man mit viel Bagage belastet ist, in Wyk entweder in ein Taxi zu steigen oder sich vom Vermieter abholen zu lassen. Ist diese Hürde erst einmal genommen, kommt man mit den Inselbussen bestens vom Fleck. Ihre Haltestellen sind übrigens in den folgenden Karten verzeichnet. (Siehe auch nachstehend: Anreise mit der Bahn.)

Auto auf der Fähre

Die **Reservierung** des Autos auf der Fähre muss rechtzeitig getätigt werden, wofür man im Sommer vorsichtshalber ein paar Wochen ansetzen sollte. Buchung unter:

- **Wyk auf Föhr (Zentrale):** Tel. 01805-080140 (Festnetz, bundesweit), Tel. 01801-937937 (Ortstarif Festnetz Inseln u. Halligen)
- **Dagebüll Mole:** Tel. 04667-94030/-940320
- **Internet:** www.faehre.de (Buchungsformular)

Das **Ticket** für die Fähre erhält man am Schalter in Dagebüll. Dazu muss der Kfz-Schein vorgelegt werden. Man achte darauf, dass das Auto mindestens 15 Minuten vor der fahrplanmäßigen **Abfahrt des Schiffes** am Kai steht; andernfalls erlischt die Reservierung.

004ha-foe Foto: rh

Auf Föhr muss die **Rückreise** bei der W.D.R.-Niederlassung am Hafen während der Bürostunden, aber spätestens bis 16 Uhr am Vortag der Abreise unter Vorlage der PKW-Fahrkarte bestätigt werden, sonst verfällt unter Umständen die Buchung.

Der **Preis** für den Autotransport (immer Hin- und Rückfahrt) hängt von der Länge des Fahrzeugs ab. Zur Ermittlung des genauen Preises gibt es im Internet eine spezielle Schaltfläche auf www.faehre.de (unter Preise und Fahrzeuge, Heckgepäckträger kosten € 8,50 extra).

Anreise mit der Bahn

Bis Dagebüll

Von Mai bis Oktober werden den nach Westerland bestimmten **ICs** aus Richtung Regensburg, Nürnberg, Dortmund, Berlin und Dresden Kurswagen zum Anleger von Dagebüll angehängt. Zu anderen Jahreszeiten muss man gegebenenfalls in Niebüll **umsteigen:** Info gibt's unter www.bahn.de und beim Kunden-Center Niebüll (Tel. 04661-9808890).

Umsteigen in Niebüll

Wenn kein Kurswagen anhängt, wechselt man in Niebüll über in ein Züglein der Norddeutschen Eisenbahngesellschaft Niebüll (neg), auch Marsch-Express genannt (www.neg-niebuell.de). Damit wird man verlässlich bis zum Schiff transportiert, denn der Fahrplan ist den Abfahrten der Fähren angepasst. Auch wenn diese Bummelbahn so gemächlich durch die Marsch tuckert, dass man während der Fahrt Blumen pflücken könnte – das Schiff fährt einem nicht weg! Und man kann sich dabei gleich schon mal auf das bevorstehende insulare Lebenstempo einstimmen.

Der Bahnsteig für die neg-Bahn befindet sich rechts gegenüber vom Ausgang des Niebüller Bahnhofs. Im Zug kann ggf. für die Teilstrecke nach Dagebüll ohne Aufschlag nachgelöst werden. Alle Spezialbillets der DB wie Wochenend-, Schleswig-Holstein-Ticket oder BahnCard sind jedoch gültig. Und noch eine angenehme Neuerung: Am An- und Abreisetag gilt die DB-Fahrkarte für Bahn und Schiff auch im Linienbus vom Fähranleger bis zur Bushaltestelle im Urlaubsort.

In Dagebüll fährt der Zug dann bis auf den Anleger; die Fähre liegt gleich nebenan. Auf das Destinationsschild (Wyk oder Wittdün) achten!

Anreise mit dem Flugzeug

Föhr besitzt einen kleinen Flugplatz unmittelbar westlich von Wyk. Während des Sommers bestehen Bedarfsliniendienste nach Hamburg und Westerland. Kleinmaschinen für Rundflüge oder Transporte zum Festland können gechartert werden.

• **Info:** Tower Tel. 04681-5504, Charter- und Rundflüge Tel. 04681-8139, westkuestenflug@t-online.de.

Für Selbstflieger: Bahnlängen Nord-Süd (02/20) 660 m, Ost-West (10/28) 605 m; Towerfrequenz: 118,25 MHz.

Wyker Flugplatz: Im Tower

Anreise mit dem eigenen Boot

Jachthafen

Föhr wird von Seglern gerne angelaufen, nicht zuletzt weil die Insel einen gut ausgebauten kommunalen Jachthafen besitzt. (Einziger Pferdefuß: Die Kläranlage in nächster Nähe möffelt bei nördlichen Winden mitunter arg streng herüber.) Das Becken mit ca. 200 **Liegeplätzen** befindet sich unmittelbar nördlich des Fährhafens. Die Gastliegerplätze sind am nordöstlichen Schlengel Nr. 1, äußere Hälfte.

- **Seekarte:** D 107 oder Kartensatz Nordfriesische Inseln Nr. 3013.
- **Maße und Lage:** MTH 2,8 m, Strom bis zu 2 kn vor der Zufahrt. Der Hafen kann mit bis zu 1,5 m Tiefgang jederzeit angelaufen werden, tiefer gehende Jachten können bei Niedrigwasser unter Umständen festkommen. Wassertiefe im Bassin ca. 1,5 m, an den Kopfschlengeln größer. Weicher Grund. Am inneren Fuß des nördlichen und des östlichen Hafendamms ragen Spundwandreste aus dem Boden.

Alle Liegeplätze außerhalb des Jachthafens sind der Berufsschifffahrt vorbehalten.

Wyk-Town ist nur 20 Minuten zu Fuß entfernt. Restaurant Klein-Helgoland liegt direkt am Hafendamm. Dort gibt es auch sanitäre Anlagen mit Gratisduschen für Gastlieger und eine Münzwaschmaschine.

005ha-foe Foto: rh

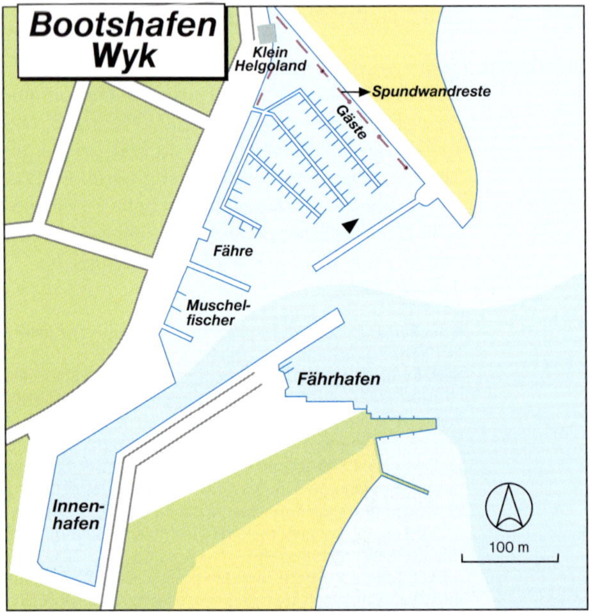

- **Diesel** liefert die Fa. Lorenzen (Tel. 04681-776/-777) nach Vorbestellung bis 17 Uhr des Vortages. Straßentankstelle nahebei.
- **Info:** Hafenamt Tel. 04681-500430 (außerhalb der Dienstzeit 500431), UKW-Kanal 11 (Ruf: Wyk auf Föhr Port), Wyker Jachtclub Tel. 04681-1617, Sportbootclub Föhr Tel. 04681-3131.
- **Hafengeld/Tag:** 1-1,25 Euro/m.

Anreise zu Fuß

Jawohl, auch das ist möglich. Sogar vom Festland aus lässt sich (in den Nordosten der Insel) diese Tour unternehmen, doch sie ist nicht unriskant und darf keinesfalls auf eigene Faust unternommen werden. Info-Tel. 04668-92000.

Viel Raum: Wyker Jachthafen

006ha-foe Foto: rh

Von Amrum

Auch von Amrum aus kann man recht problemlos nach Föhr hinübermarschieren. Die **Wattwandertour** ist ca. 8 km lang und führt nach Dunsum an der Westküste. Sie wird auf Amrum von folgenden Organisatoren angeboten (alle Vorwahlen 04682):

- **Heimatverein Öömrang Ferian,** Norddorf Tel. 1635.
- **Schutzstation Wattenmeer,** Wittdün Tel. 2719.
- **Wattführer Andreas Herber,** Norddorf Tel. 2175.
- **Wattführer Boyens,** Norddorf Tel. 1669.
- **W.D.R. Wyk,** Tel. 01801-937937

Die Wanderung hängt natürlich von den Gezeiten und Wetterverhältnissen ab. Die genannte „Problemlosigkeit" bezieht sich auf den Energieaufwand für den Marsch; wer halbwegs gut zu Fuß ist, schafft ihn auch locker. Darüber hinaus drohen jedoch nicht weniger Gefahren als auf der Festlandsroute; die Tour sollte deswegen **keinesfalls auf eigene Faust** unternommen werden. Die drei erst genannten Organisationen machen die Wanderung gegen eine Spendenbeteiligung. Bei den Wattführern kostet's € 14 pro Person, Kinder bis 11 Jahre zahlen € 8,50.

Selbstredend kann man auch von Föhr nach Amrum wandern. Siehe „Führungen“.

Anreise mit dem Brummi

Das gab's tatsächlich auch schon mal, und zwar im bitterkalten Winter von 1946 auf '47. Das Watt und die Wasserstraßen waren so dick zugefroren, dass Lastkraftwagen sich locker über das Eis bewegen konnten. Mussten sogar, denn Schiffe liefen längst nicht mehr. Die Inseln waren auf Versorgung durch Lastwagen angewiesen, und einige Tage lang klappte das auch ganz gut. Im Dezember 1962 wäre es fast zu einer Wiederholung gekommen, so kalt war es. Heute sind solche Touren im Zeichen der allgemeinen Klimaerwärmung wohl nicht mehr machbar. Aber die Vorstellung allein ist, des kleinen Abenteuers wegen, recht reizvoll. Und auf einen Brummi soll's in einer Notlage nun wirklich nicht ankommen - zumal er weit weniger möffelt als ein dicker Fährdampfer.

Unterkunft buchen

Gastgeberverzeichnis

Um sich eine Bleibe auszusuchen, fordere man den Katalog „Insel Föhr“ an, in dem alle insularen Betten getreulich aufgezählt werden. (Sogar deren Abmessungen, ist man doch in Deutschland, sind spezifiziert: „Empfohlene Maße 90 x 200 cm, DZ 160 x 200 cm, mit fester einteiliger Matratze“.) Die dafür zuständige inselweite Servicenummer ist 04681-300, Fax -3068, E-Mail: urlaub@foehr.de.

Der Liste liegt eine **Zahlungsaufforderung** bei (Betrag € 3). Die Zahlung ist freiwillig; da es sich um einen realen Service handelt, sollte man sie auch leisten. In dem Katalogwerk kann man nunmehr in aller Ruhe blättern und Bilder der meisten Herbergen betrachten. Einiges mehr zu diesem Thema später im Abschnitt „Unterkunft".

Vermieter

Mit der nachfolgenden **Reservierung** eines Domizils hat die Kurverwaltung als solche nichts mehr zu tun. Stattdessen setzt man sich mit den respektiven Zimmervermittlungen in Verbindung, die einen kostenlosen Buchungsservice anbieten (Kontaktadressen im Info-Teil). Natürlich kann man den Vermieter seiner Wahl auch gleich selbst anrufen. Doch man weiß dann natürlich nicht, ob er auch eine Bleibe verfügbar hat und muss unter Umständen lange herumtelefonieren. So oder so erfolgt eine schriftliche Bestätigung erst bei erfolgter Vereinbarung.

Bei dem Gespräch sollten Themen wie **Kinder, Hunde und Raucherstatus** aber bereits zur Erwähnung kommen, sofern sie nicht schon im Verzeichnis aufgelistet waren. Raucher werden immer weniger gern gesehen; viele Vermieter lehnen sie rundweg ab. Aber vielleicht könnte der Gastgeber den Gast, sofern dieser nicht im eigenen Auto anreist, vom Hafen abholen? Das würde doch dem Ziel der Kfz-Minimierung förderlich sein ...

Preise

Preise müssen heutzutage klipp und klar angegeben werden, ohne Wenn und Aber und ohne verborgene Pöstchen. Trotzdem sollten sich die Mieter besser vorher erkundigen, wie es in der jeweiligen Wohnung mit der **Endreinigung** gehandhabt wird. Wenn es in Föhrer Listen **„inklusive Nebenkosten"** heißt, so ist dies kein spezielles Entgegenkommen, sondern reflektiert die ganz normale Gesetzeslage.

Im Falle Föhr wurden bis 1999 die Preise nicht **nach Saison aufgeschlüsselt,** sondern schlicht in Minimum und Maximum eingeteilt. Das konnte nicht gut gehen. Ging es auch nicht. Es gab Miss-

007ha-foe Foto: rh

verständnisse und Ärger. Deshalb gelten seit 2000 drei feste saisonale Einteilungen pro Jahr, die nachstehend im nun folgenden Kapitel aufgeführt werden.

Üblich sind **Mindestbelegungen** von mehreren Tagen, bei Fewos spricht man von Wochen. Wer kürzere Zeit bleiben möchte, muss einen Aufschlag zahlen, was nur recht und (nicht immer) billig ist. In der Hochsaison kann es aber relativ schwierig werden, dass man als Kurzreisender eine Ferienwohnung oder ein Zimmer findet, am ehesten hat man da noch Chancen bei Hotels.

An- und Abreise zählen bei der **Abrechnung** als ein Tag, wobei eine Ankunftszeit nach 17 und eine Abreisezeit bis 10 Uhr zugrunde gelegt werden. Bei längerem Verbleib ist es normal, Rechnungen wöchentlich zu begleichen.

Angaben im Buch

Die im Abschnitt „Unterkunft" aufgeführten **Preise** folgen dem im Gastgeberverzeichnis benutzten und oben beschriebenen System und gelten jeweils für eine Person im Doppelzimmer (DZ) in der Hochsaison.

Die namentlich erwähnten Beherbergungsbetriebe sind alphabetisch aufgelistet; die **Reihenfolge der Unterkünfte** unterliegt keiner wie immer gearteten Wertung.

Gastaufnahmevertrag

So nennt sich die Vereinbarung zwischen Mieter und Vermieter, die eine gesetzliche Grundlage schafft. Für Föhr ist das Paragrafenwerk recht kurz und bündig:

1) Der Gastaufnahmevertrag ist abgeschlossen, sobald das Quartier bestellt und zugesagt oder, falls eine Zusage aus Zeitgründen nicht mehr möglich war, bereitgestellt worden ist.

2) Der Abschluss des Gastaufnahmevertrages verpflichtet die Vertragspartner zur Erfüllung, gleichgültig, auf welche Dauer der Vertrag abgeschlossen ist.

3) Der Gastwirt (Gastgeber) ist verpflichtet, bei Nichtbereitstellung des Zimmers dem Gast Schadensersatz zu leisten.

4a) Der Gast ist verpflichtet, bei Nichtinanspruchnahme der vertraglichen Leistungen den vereinbarten oder betriebsüblichen Preis zu bezahlen, abzüglich der vom Gastwirt ersparten Aufwendungen.

4b) Die Einsparungen betragen nach Erfahrungssätzen bei der Übernachtung 10 %, bei Übernachtung/Frühstück 20 % des Übernachtungspreises. Bei Halbpension 30 %, bei Vollpension 40 % des Pensionspreises.

5a) Der Gastwirt ist nach Treu und Glauben gehalten, nicht in Anspruch genommene Zimmer nach Möglichkeit anderweitig zu vergeben, um Ausfälle zu vermeiden.

5b) Bis zur anderweitigen Vergabe des Zimmers hat der Gast für die Dauer des Vertrages den nach Ziff. 4b berechneten Betrag zu bezahlen.

6) Ausschließlicher Gerichtsstand ist Niebüll.

Kur und Kurtaxe

Kursystem

„Der Begriff der Kur wird in der Kur- und Rehabilitationsmedizin als Oberbegriff für die verschiedenen Formen von Vorsorge- und Rehabilitationsverfahren verwandt. Die traditionellen Kurmethoden sind ständig weiterentwickelt und entsprechend den spezifischen Zielen der Maßnahmen – vor allem Vorsorge oder Rehabilitation – ergänzt worden. Die Kur basiert auf dem Prinzip, die körpereigenen Heilkräfte zu aktivieren und krankmachende Faktoren des Alltagslebens durch Aufklärung und Training zu vermindern. Ihr Erfolg ist medizinisch und sozialwissenschaftlich untermauert. Eine Kur kann nur dann erfolgreich sein, wenn der Patient zum richtigen Zeitpunkt in der richtigen Einrichtung ist ..."

So steht's in einer auch auf Föhr umlaufenden Broschüre des **Deutschen Bäderverbandes** in Bonn, wobei wohl, wie man annehmen darf, der Eigennutz ein wenig die Feder führt. Denn keineswegs sehen alle Institutionen (z. B. Gesundheitsministerium) diese typisch deutsche Einrichtung als so „untermauert" wie beschrieben an. „Dass man durch die Kur, möglichst bezahlt von den Sozialkassen, das Blatt (der Gesundung) wenden könne, ist eine speziell deutsche Vorstellung. In keinem anderen Land der Welt gibt es ein vergleichbares Kur- und Bäderwesen" – Der Spiegel, 38/99. Vor allem hat sich die Kur für viele Patienten als längst nicht mehr so zwingend erforderlich erwiesen, seit sie zum Teil (in Abhängigkeit vom Bruttofamilieneinkommen) aus eigener Tasche bezahlt werden muss und seit sie für Kurende das Risiko beinhaltet, womöglich den Job zu verlieren.

Um **Selbstzahlern** die moderne Kur schmackhaft zu machen, haben ihre Befürworter nicht nur passende neue Krankheiten („Verschleißerscheinungen", „Verschlackungen") gefunden, sondern auch das Image des ganzen Systems aufgepeppt. „Beauty ('bju:ti) ist das Ballkleid der Gesundheit", verkündete der Deutsche Bäderverband unlängst. Will sagen: Kurgäste möchten bitte nicht mehr am Stock daherkommen, sondern tunlichst auf Rollschuhen, zu „neu-deutsch" Inline Skates, und Wellness statt Siechtum ausstrahlen. Die Kur soll also mehr sein, als sie mal zu Goethes Zeiten war, der über ihr Wesen kommentierte, dass es ihm „mehr zur Hoffnung als zu eigentlicher Heilung" dienen möge – „doch das ist ja auch schon was". Im Prinzip hat sich aber nicht viel geändert.

Was den geschäftlichen Teil angeht, sind bei Eintritt in die 2000er Jahre folgende **Kurformen** erhalten geblieben:

- Bei der **ambulanten Präventions- und Rehabilitationskur** sowie bei der **Kompaktkur** bestimmt der Patient nach Absprache mit dem Hausarzt und der Kasse Kurort, Jahreszeit und Dauer (21 bis 28 Tage). Der Patient wählt den Badearzt selbst, ebenso Unterkunft und Verpflegung. Alle drei Jahre kann man eine solche Kur beantragen. Die Kasse übernimmt dabei die Arztkosten zu 100 %, die Kurmittel und Anwendungen zu 85 % (bei der Kompaktkur zusätzlich 100 % Schulungsmaßnahmen inkl. Gesundheitsförderungsprogramme). Zu Unterkunft und Kurtaxe gibt es einen täglichen Zuschuss.
- Bei der **stationären Präventions- und Rehabilitationskur** werden alle Kurkosten voll übernommen. Der Patient leistet lediglich einen Tagesbeitrag. Über eine stationäre Kur entscheidet allein der Arzt bzw. der Versicherungsträger. Ist sie dann genehmigt, hat der Patient ein Wort mitzureden bei der Wahl des Kurortes und der Auswahl der geeigneten Klinik.

008ha-foe Foto: rh

• Informationen zu **Kinderkuren** (bis zu 42 Tagen) geben die Kassen.

Bei allen Maßnahmen ist ein rechtzeitiger **Antrag** zu stellen. Kostenfragen sind im Voraus zu klären und die Bescheinigungen des Hausarztes und Kostenübernahmeerklärungen der Kasse sind zum Kurort mitzubringen. Kinderkuren durchlaufen dieselben Stationen.

Heilanzeigen für Föhr sind vor allem Erkrankungen der Atemwege wie Bronchitis, Bronchialasthma und allergischer Schnupfen, außerdem Hautkrankheiten wie Schuppenflechte und Neurodermitis. Dies ist in erster Linie der vielen Sonne und frischen Luft zu verdanken. Extreme Allergiker dürfen jedoch nicht übersehen, dass Föhr mit einer landschaftlichen Nutzung von 80 % und intensivem Anbau von Getreide und Raps alles andere als pollenfrei ist und dass zudem mit chemischen Giften hantiert wird. Auch ballen sich im Sommer ganz schön Autoabgase zusammen, wenn auch längst nicht so arg wie auf dem Festland.

Günstig beeinflusst werden nach Angaben des Kurgewerbes auch Erkrankungen des Bewegungsapparates wie z. B. Haltungsschäden, Rückenbeschwerden, Arthrose und Arthritis.

Kurtaxe

Mit dem Abstieg des Kursystems sah es in den 1990er Jahren eine Zeitlang so aus, als sollte die wenig verfassungskonform erscheinende Kurabgabe auch den Bach hinuntergehen. Klar: keine Kur, keine Kurtaxe. Doch es ist überall bei der **ungeliebten Einrichtung** geblieben, nicht zuletzt, weil sich das auch „weiße Industrie“ genannte Kurwesen mit der ihm eigenen Geschmeidigkeit erholt hat und pro Jahr wieder einen bundesweiten Umsatz von gut 15 Milliarden Euro erwirtschaftet.

Unternehmen kann man gegen die Kurtaxe eh nichts, denn die entsprechende **Vorschrift** ist gesetzlich fest einbetoniert. Manche Kurverwaltungen ergehen sich in wortreichen Erklärungen, warum das so ist und was alles für die Kurabgabe geleistet wird. Doch diese weitschweifigen Alibitexte waren den Zahlern schon immer suspekt. Das hat man auf Föhr offenbar auch eingesehen, denn man erklärt das Wesen der Taxe gar nicht erst, voraussetzend, dass der Kurgast heute anspruchsvoller ist und auf besserwisserische Bevormundungen verzichten kann.

Stattdessen hebt man die Freuden der Kur hervor (sogar mit einer höchst eigenen Broschüre) und außerdem die **Vergünstigungen durch die Kurkarte,** die sich hauptsächlich aus Preisnachlässen bei diversen Veranstaltungen zusammensetzen und ja in der Tat ganz angenehm sind – sofern man an den Sausen überhaupt teilhat. Zu zahlen ist die Taxe aber auf alle Fälle, so oder so.

Das **Inkasso der Kurtaxe** obliegt auf Föhr weiterhin den Vermietern. Weil diese den Job naturgemäß nicht mit großer Begeisterung verrichten, war bereits geplant, ein Chipkartensystem nach dem Muster einiger ostfriesischer Inseln einzuführen. Doch eine solche Einrichtung erwies sich bei genauer Betrachtung als ziemlich holprig, und außerdem hätten Amrum und die Reederei W.D.R. dabei mitmachen müssen. Nicht nur war dies alles schwer unter einen Hut zu bringen, es hätte auch eine Menge Geld gekostet. Und außerdem erwies sich, dass die meisten Gäste ihre Taxe ohnehin brav entrichten, eine weitere Kontrollinstanz also unnötig war. Vielleicht fügt es sich eines Tages mal zu einer „ReedereiCard". Aber bis dahin wird's beim alten, bewährten System bleiben und die Gäste werden zumindest nicht mit einer Kassiererfunktion in eigener Sache belästigt.

009ha-foe Foto: rh

Bei Drucklegung dieses Buches war die **Höhe der Kurtaxe** auf Föhr wie folgt (in Euro pro Tag):

Wyk			
– Erwachsene	2,50	1,90	1,20
– Jgdl. bis 16 J.	0,70	0,50	0,30
	HS	**ZS**	**NS**
	1.5.-30.9.	1.3.-30.4., 1.10.-31.10.	1.11.-28.2.
Utersum			
– Erwachsene	2,30	1,80	1,00
	HS	**ZS**	**NS**
	1.6.-30.9.	1.3.-31.5. 1.10.-31.10.	1.11.-28.2. 1.11.-31.12.
Nieblum			
– Erwachsene	2,00	1,40	0,50
	HS	**ZS**	**NS**
	15.6.-15.9.	1.3.-14.6. 16.9.-31.10.	1.11.-31.12. 1.1.-28.2.
Landgemeinden*			
– Erwachsene	1,50	1,00	0,50
	HS	**ZS**	**NS**
	15.6.-15.9.	1.3.-14.6. 16.9.-31.10.	1.11.-28.2. 1.11.-31.12.

*Alkersum, Borgsum, Dunsum, Midlum, Oevenum, Oldsum, Süderende, Witsum und Wrixum

Der Jugendtarif gilt für alleinreisende Personen. Kinder und Jugendliche bis 18 J. in Begleitung mind. 1 Erwachsenen sind abgabenfrei.

Bukolische Szene in Alkersum

Die Nordsee

Land und Meer

Frühzeit

Heute ist die Nordsee trotz fortschreitender Erderwärmung synonym für ein recht kühles Klima. Das war nicht immer so. Auf den Karten der Erdforscher taucht unser Hausmeer bereits im frühen Perm auf und das ist schon rund 300 Millionen Jahre her. **Zechsteinmeer** nennen die Wissenschaftler dieses wahrhaft urige Gewässer, in dem sich unter tropischen Klimaverhältnissen Kreaturen tummelten, die gut in einen „Jurassic Park" gepasst hätten.

Doch dann verschob sich alles wieder. Die schwellenden Gestade trockneten aus und nahmen **wüstenartigen Charakter** an; von der üppigen Flora und Fauna blieb nichts übrig. Nur gewaltige Schichten von Salz und Muschelkalk lagerten sich ab, die heute Norddeutschland unterliegen und so begehrenswerte Deponien für die strahlenden Abfälle der Kreaturen der Jetztzeit bilden – nicht gerade ein evolutionärer Fortschritt.

Metamorphosen

Vor 225 Millionen Jahren, im Trias, kam es zu starken **Verwerfungen der Erdkruste;** Gebirge und Hochländer umgaben das Nordseebecken. Sie wurden durch die Elemente allmählich abgetragen, und ihr Schutt bildete neues Gestein, aus dem unter anderem Helgoland entstand. Doch nie brachten diese gewaltigen Metamorphosen die Nordsee gänzlich zum Verschwinden. Im Tertiär vor 5 Millionen Jahren kam es erneut zu ähnlichen Verhältnissen wie in der Zechsteinzeit, nur dass völlig andersartige Tiere und Pflanzen von da an in der Region heimisch waren. Wäre es dabei geblieben, hätten wir heute ein Klima wie in Florida – aber bestimmt kommt es eines Tages wieder mal dazu.

Eiszeiten

Zunächst stellten sich in der jüngeren Vergangenheit vor etwa einer Million Jahren jedoch die bekannten Eiszeiten ein, von denen mehrere in abwechselnden Hin- und Rückzugsphasen von Norden nach Süden vordrangen und nicht nur Abkühlung und niedrige Seepegel mit sich brachten, sondern die gesamte Topografie Nord- und Mitteleuropas umwälzten. Man muss sich die **Gletscher** als gewaltige Planierungsmaschinen vorstellen, die über das Land hinwegzogen und es quasi plattrasierten. Nur vereinzelt, wo die riesigen Eisflüsse zum Stillstand kamen, wurden Hügellandschaften angehäuft, **Endmoränen und Geestkerne.** Das Material dafür kam zum Teil von weit her, aus dem nördlichen Skandinavien, bis zu 1500 Kilometer entfernt.

Weil viel Wasser durch die eiszeitlichen Gletscher gebunden war, lag die Nordsee zwischen England und dem heutigen Schleswig-Holstein **weitgehend trocken.** Man konnte zu Fuß von einem Ufer zum anderen spazieren, und einige unserer frühen Vorfahren taten dies offenbar auch, denn mitten in der Nordsee treten immer noch Funde ans Licht, die auf **menschliche Besiedlung** aus jener Epoche deuten. Die Menschen, die hier damals bei dem arktischen Klima umherzogen, dürften ziemlich grimmige Typen gewesen sein.

Neue Erwärmung

Die vor durchschnittlich 150.000 Jahren entstandenen Erhebungen aus Sand, Lehm und Gesteinsschutt wurden zu Inseln, als die Eismassen sich in Folge neuer Erwärmung aufzulösen begannen und der **Meeresspiegel stieg.** Schon vor rund 8000 Jahren war kaum noch etwas von den Gletschern übrig und die Nordsee, in dieser Phase Eem-Meer genannt, war unermüdlich geklettert.

Sie hatte im Bereich von Schleswig-Holstein zu jenem Zeitpunkt bereits eine **Küstenlinie** gebildet, die der heutigen in ihren Konturen ähnlich gesehen haben mochte, doch ganz besonders vor Föhr und Amrum um einiges westlicher lag. Um 4000 v. Chr. dürfte eine lange, vielfach durchbrochene Dünenkette der Küste vorgelagert gewesen

Gold- und Silberschätze

Als die Archäologie im 19. Jahrhundert zum Leben erwachte, wurden auch auf Föhr Grabungen vorgenommen, zumal dort über 500 Grabhügel aus der Bronzezeit existierten. (Heute sind noch etwa 20 zu erkennen.) Es kamen in der Tat diverse interessante Gegenstände ans Tageslicht, die zum Teil in der vorgeschichtlichen Abteilung des Wyker Friesenmuseums zu sehen sind. Manche Gräber wurden auch wohl heimlich ausgeraubt, zumal einige von ihnen goldenen Schmuck enthielten.

Zu einem ganz großen Fund fügte es sich um 1800, als in den Resten der alten Utersumer Burg ein Schatz von 115 Silbermünzen aus karolingischer Zeit gefunden wurde. Eine kulturhistorische Einordnung dürfte nicht schwer gefallen sein. An der Mündung der Godel, Föhrs einzigem Fluss, hatte sich zu Wikingerzeiten ein Hafen befunden. Davor, halb bis nach Amrum hinüber, dehnte sich trockenes Land, der Nordmannsgrund. Und dahinter lagen diverse Siedlungen mit Einschluss der bewussten Burg und einer weiteren bei Borgsum – also alles ganz schön schatzträchtiges Gelände. Auch heute noch? Durchaus möglich.

Eher findet man indes Wertvolles am Wasser: Bernstein, das „Gold des Nordens". Dieser urige Stoff war vor gut 50 Millionen Jahren von Nadelbäumen im hohen Norden Europas herabgetropft und hatte letztlich gewaltige Deponien gebildet. Es waren die eiszeitlichen Gletscher, die Bernstein in riesigen Mengen in unsere Gefilde führten und dort abluden. Die größten Lager dieser Art, auf vier Milliarden Tonnen (!) geschätzte Bestände, befinden sich heute entlang der Küsten der östlichen Ostsee. Doch auch die Nordsee erhielt einen Anteil des goldenen Segens und Föhr ist davon nicht ausgenommen. An jeder Stelle der Inselküsten ist ein Zufallsfund drin. Und man darf ihn in die Tasche stecken; weder Strandvogt noch Inselgendarm haben etwas dagegen.

Wegen seines geringen spezifischen Gewichts wird Bernstein mühelos von Strömungen und Wellen befördert und landet letztlich bevorzugt entlang der Hochwassermarke an. Dort also, wo Tang und Treibholz sich sammeln und leider Gottes auch immer einiges an Plas-

010ha-foe Foto: rh

tikmüll. Die besten Fundaussichten hat man im Winter. Das dann kältere Wasser bewirkt nämlich einen stärkeren Auftrieb der Bernsteinbrocken und damit häufigere Ablagerungen. Viel wert sind die Funde allerdings nicht. Für Bernstein erster Güte, mit dem der Markt aus dem Osten geradezu überschwemmt wird, gibt's gerade mal 30-35 Cent pro Gramm. Lediglich Stücke mit Inklusen (Einschlüssen) von Pflanzen und Insekten sind teurer, zum Teil beträchtlich. Mit solchen Raritäten ist am Strand aber kaum zu rechnen, denn Bernstein korrodiert in Seewasser und wird brüchig und unansehnlich.

Und wenn schon: Es geht ja um den Spaß an der Freud. Etwas Selbstgefundenes, Selbsterobertes, auch wenn's nicht gerade ein Wikingerschatz ist, mit nach Hause zu bringen - das lässt das Herz doch höher schlagen!

Bronzezeitlicher Begräbnishügel

sein, hinter der sich bis zum Festland eine weite Watten- und Marschlandschaft erstreckte, aus der einige Geestinseln emporragten.

Weitere Veränderungen

Das steigende Wasser nagte an diesem schütteren Wall und ließ das schon teilweise besiedelte und kultivierte, jedoch kaum geschützte **Land ständig schrumpfen.** Die verheerende **Sturmflut** des Jahres 1362 versetzte der Küstentopografie dann sozusagen den Gnadenstoß. Sie wurde in zahllose Kleinteile zersprengt; nur die nordfriesischen Inseln überstanden ungefähr in ihrer heutigen Form die Katastrophe. Tausende von Menschen ertranken, und viele Orte westlich der Inseln verschwanden von der Landkarte. Auch das meiste Weideland ging verloren – heute ist es wechselweise überfluteter und wieder trocken fallender Meeresboden: Watt.

Ansturm der Nordsee

Obwohl die Insel Föhr durch die **vorgelagerten Bollwerke** Amrum und Sylt vor dem direkten Ansturm der Nordsee gut geschützt ist, pfeift es durch die existierenden Löcher mitunter ganz schön hinein. Die zahlreichen **Buhnen** (Steinwälle zur Uferbefestigung) sind nicht ohne Grund angelegt worden; sie sollen die Küste am Davonschwimmen hindern.

Insbesondere im Westen geht mitunter Substanz verloren. Der Sandstrand von Utersum musste schon wiederholt unter hohen Kosten neu aufgespült werden. Große Schäden richtete **Mega-Sturm „Anatol"** im Dezember 1999 dort an. Sehr zum Ärger der Föhrer blieben diese Verwüstungen aber in den Medien so gut wie unerwähnt; Sylt war interessanter. Die Konkurrenz zwischen den Inseln ist uralt und erfährt in Fällen wie dem genannten neue Belebung.

Föhrs Seedeich hielt Anatols Wüten jedoch Stand. Im **Deichbau** hat man auf Föhr lange Erfahrung, denn die Flachheit der Insel machte entsprechende Maßnahmen schon zu einem frühen Datum erforderlich. Mit dieser Phase des insularen Werdegangs geht es später im Buch unter „Geschichte" weiter.

Ebbe und Flut

Rolle des Mondes

Über das „atmende" Meer wunderten sich bereits Nordseebesucher zu römischen Zeiten, denn in mediterranen Gefilden gibt es Ebbe und Flut so gut wie kaum. Schon damals mutmaßten helle Köpfe unter ihnen, dass die Gestirne etwas mit der Sache zu tun haben könnten, was sich viel später ja auch als korrekt erwies. Es ist vor allem der Mond, der durch Flieh- und Anziehungskräfte auf der Erde einen doppelten Wasserberg anhäuft und diesen in **etwa sechsstündigem Takt** zum An- und Abfließen bringt. Das heißt, dass alle zwölf Stunden Hoch- bzw. Niedrigwasser ist – aber nur ungefähr. Da die involvierten Abläufe ein wenig „unrund" sind – der Mond eilt der täglichen Umlaufbahn um 1/28 voraus – finden Ebbe und Flut nicht jeden Tag zur selben Zeit statt. Es soll den Erdenmenschen ja nicht allzu leicht gemacht werden mit ihren Vorausberechnungen.

Gezeiten

Im Nordfriesischen sind die Tiden – ein Küstenwort für die Gezeiten – relativ moderat. Der maximale **Tidenhub** zwischen niedrigstem und höchstem Wasser beträgt (in Abhängigkeit von der Mondphase) gerade mal 2,80 Meter – weitaus weniger als in der südlichen Nordsee, wo bis zu vier Meter erreicht werden.

Doch auch dieses bisschen reicht zum Ertrinken, wenn man im Watt von der Flut überrascht wird. Und wenn ein Sturm hinter die Gezeiten fasst, kommt es ohnehin zu höheren **Wasserständen** – dann ist nicht nur Holland, sondern ganz Nordfriesland in Not. Der hohe Deich, der mehr als die Hälfte der Insel umgibt und über den später im Buch noch referiert wird, hat schon seine Berechtigung!

Am wichtigsten ist die Kenntnis der Gezeiten natürlich für Wattwanderer, und auch Sportschiffer wollen wissen, was für Wasserstände und Strömungen zu erwarten sind. Auskunft gibt die kleine Tabelle „Gezeiten auf Föhr", kostenlos bei allen touristischen Einrichtungen. Zu beachten ist, dass die darin angegebenen Zeiten für Wyk gelten. In Nieblum treten die Gezeiten 10 und in Utersum 20 Minuten früher ein.

Nimmt der Mond ab oder zu?

Bei Neu- und Vollmond gibt es die höchsten Wasserstände („Springtiden"), weil unser Trabant dann mit der Sonne in einer Linie steht. Das geschieht etwa alle 14 Tage. Mittig dazwischen kommt es zu „Nipptiden", den niedrigsten Pegeln. Wie kann man sich orientieren, wenn nur eine Sichel zu sehen und kein Mondkalender zur Hand ist? An Hand des Wörtchens DOC: Hat der Mond die Form eines D (nach links offene Sichel), so nimmt er zum O (Rundform = Vollmond) zu. Ist er C-förmig (nach rechts offen), nimmt er ab zum Neumond.

Wind und Wetter

Kleine Wetterkunde

Ein Blick auf die **Fernsehwetterkarte** wirkt zumeist wenig erhellend, denn wie das ganze Geschehen abläuft, wird dort nicht erklärt. Hochs (H) und Tiefs (T) sind auf dem Schirm erkennbar, der Wetterfrosch macht ein paar magische Bewegungen – „daher weht der Wind" –, und das wär's auch schon. Man weiß dann, wie das Wetter morgen – hoffentlich – sein wird, aber warum das so ist, erfährt man nicht.

Ein Blick hinter die meteorologischen Kulissen ist ganz interessant. Und etwas Sachkenntnis ermöglicht einem eine halbwegs präzise **eigene Voraussage.** Manchmal ist sie, weil sie sich auf einen kleinen Raum beschränkt, sogar richtiger als die fachmännische.

Man muss zunächst wissen, wie die **Windsysteme** rotieren. Und zwar dreht sich der Wind bei uns auf der Nordhalbkugel (grob) im Uhrzeigersinn um ein Hoch, und (grob) in Gegenrichtung um ein Tief.

Hochs entstehen dort (wiederum grob gesehen), wo sich kalte Luft absenkt, und **Tiefs,** wo warme Luft aufsteigt, in der Höhe kondensiert und dadurch weitere Wärme freisetzt, die dem System über neue Energiezufuhr sozusagen ein Eigenleben verleiht.

Europäische Wetterküche

Der Vorhof der europäischen Wetterküche liegt im Bereich des westlich von uns wohltemperiert dahinplätschernden **Golfstroms.** Im fernen westlichen Atlantik formieren sich in ständiger Folge diese sogenannten **Zyklone,** und weil die Erde unter diesen Druckgebilden hinwegrotiert, kommen sie irgendwann einmal bei uns an. Ihre Zugrichtung bestimmt zudem das in steter Erneuerung befindliche **Azorenhoch,** auf dessen breitem Rücken sie nach Nordeuropa hineinkullern und hier allerlei Unergötzliches anrichten – auf elementarster Ebene die Erzeugung von dem, was sich gemeinhin „schlechtes Wetter" nennt.

Westwinde

Die **Zugbahn vieler Tiefdruckgebiete** liegt im nördlichen Nordseebereich. Da die Luftströmung um Tiefs, wie erwähnt, gegen den Uhrzeigersinn zirkuliert, weht es auf ihrer Unterseite aus westlichen Richtungen, und zwar auf dem gesamten Quadranten von Süd- bis Nordwest. Der ganze von diesen Tiefs durchzogene Korridor nennt sich deshalb auch die **Westwindtrift.** Und da die westlichen Winde atlantische Seeluft heranführen, ist das Klima bei uns relativ milde. Wehte es genauso häufig aus östlichen Richtungen, wären die hiesigen Verhältnisse weitaus extremer.

Eigene Vorhersage

Bläst es auf Föhr aus Südwesten, weiß jeder halbgebackene Insulaner, dass **„Schlechtwetter" im**

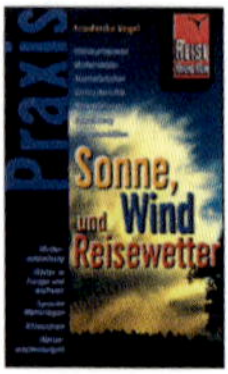

Literaturtipp:
„Sonne, Wind und Reisewetter"
Reise Know-How Verlag, Reihe Praxis

Anzug ist. Der Tiefdruck steht dann irgendwo westlich der Insel – was bei Helgoland oder bei Irland sein kann –, und nähert sich wahrscheinlich, was sich in Zunahme der Windstärke äußern dürfte. Bleibt die Windrichtung unverändert, zieht das Tief direkt auf den Beobachter zu. Spätestens zu diesem Zeitpunkt lässt sich voraussagen, dass statt Strand wohl bald Fernsehen angesagt ist.

Das weiter herannahende Tief bringt zumeist noch einiges an **Fronten** mit, die von seiner Bauchseite hinabbaumeln. Zunächst stellt sich eine Warmfront ein, die (oft leichten) Regen fallen lässt, und alsbald kommt die Kaltfront mit Schauern und womöglich Gewitter. Danach gibt es in der Regel einen jähen Sprung auf nördliche Winde mit der (normalen) Sequenz Abkühlung und Wetterbesserung. Dahinter mag sich schon, wenn alles gut geht, Hochdruck heranschleichen, und man kann Badehose und Sonnencreme wieder auspacken.

Wem diese Zusammenhänge verständlich sind, der kann leicht seine eigenen Wettervorhersagen anstellen und seine Lieben damit beeindrucken. Vorsichtshalber sollte man aber eventuell („zum Üben") die eigene Analyse mit dem **Wetterdienst** abgleichen (www.dwd.de, Tel. 0190-116002, gebührenpflichtig), doch wahrscheinlich liegt der auch nicht viel exakter. Außerdem lässt sich das Föhrer Wetter tagesaktuell aus dem Internet abrufen, und zwar unter www.foehr.de.

Weiterhin schön?

Die neunziger Jahre des 20. Jahrhunderts hatten dem Nordseeraum (mit misslicher Ausnahme von 1998) eine Serie **herrlicher Sommer** beschert, denen jener des Jahres 2003 noch einen wahren Höhepunkt aufsetzte. Bleibt's dabei? Langfristig vorhersagen lässt sich das nicht. (Propheten, die das versuchen, haben auf Grund der Fifty-fifty-Konstellation gute Chancen, eine „richtige" Prognose abzugeben; man kann's auf der gleichen Basis aber auch per Münze selber machen.) Eine

Fraktion wärmer ist es allenfalls seit dem 19. Jahrhundert geworden, als die Industrialisierung das Klima anzuheizen begann. Damals hatten Inselreisende viel über Kälte geklagt, heute ist es generell milder. Geht Hochdruck im Nordseebereich womöglich mit der Erderwärmung einher? Schwer zu sagen; es steht nur zu hoffen.

Immerhin haben die nordfriesischen Inseln aber einen kleinen Heimvorteil. Sie gelten nämlich als ganz **spezielle Gutwetterzone,** welcher weitaus mehr Sonne als dem Festland vergönnt ist. (Auf Föhr gibt es zahlreiche Solaranlagen, s. u.: „Ökologie"). Wenn es über Schleswig-Holstein pladdert, kann man sich auf den Eilanden vielfach in der Sonne aalen. Aber halt nicht immer – am Fifty-fifty-Haken scheitert auch die insofern sicherste Voraussage.

Föhrer Wetterdaten (Durchschnittswerte)

	Jan.	Feb.	Mär.	Apr.	Mai	Juni	Juli	Aug.	Sep.	Okt.	Nov.	Dez.
A:	4	3	7	11	15	16	21	19	16	10	4	3
B:	3	3	5	9	13	16	19	18	16	10	5	2
C:	7	9	14	12	21	13	21	17	10	7	11	15
D:	10	5	5	4	5	7	2	4	8	6	9	8
E:	11	12	12	14	5	10	8	10	12	18	10	8
F:	3	2										

A = Lufttemperatur in °C (auf volle Grad gerundet)
B = Wassertemperatur in °C (auf volle Grad gerundet)
C = Sonnentage
D = Wolkentage
E = Regentage
F = Schneefalltage

Sturm und Wellen

In Wetterberichten wird auch weiterhin die „gute, alte" **Beaufort-Skala** (Bft) verwendet, weil sie am anschaulichsten eine Vorstellung von Wind und Seegang gibt. Wenn im Radio also von einer bestimmten Windstärke die Rede ist, kann man sich anhand der Skala unbesehen vergegenwärtigen, was einen auf See oder am Strand erwartet.

Für den Orkan „Anatol" vom 3. Dezember 1999 mit Windgeschwindigkeiten bis zu 200 km/h hätte diese Skala auf 17 erweitert werden müssen. Tatsächlich existiert eine solche Messlatte, um Hurrikane und Taifune einzustufen, die noch weitaus mehr Wind erreichen. Unter praktischen Aspekten rechnet man jedoch damit, dass es ab Bft 12 „nicht mehr viel schlimmer kommen kann" – extrem hohe Windstärken bügeln zum Beispiel die See eher wieder platt. Kommt man also in unseren Breiten mit 12 Skalenpunkten aus? Das wäre in Zukunft zu beweisen.

011ha-foe Foto: rh

Bft*	km/h	Wind	Zustand der See
0	<1	Stille	Spiegelglatt.
1	1-5	Leiser Zug	Leicht gekräuselt.
2	6-11	Schwache Brise	Kleine, kurze Wellen mit glasigen Kämmen.
3	12-19	Leichte Brise	Kämme beginnen zu brechen, mitunter treten kleine, weiße Schaumköpfe auf.
4	20-28	Mäßige Brise	Wellen werden länger und Schaumköpfe häufiger.
5	29-38	Frische Brise	Wellen mäßiger Höhe, aber schon von ausgeprägter langer Form. Überall weiße Schaumköpfe, vereinzelt etwas Gischt.
6	39-49	Starker Wind	Wellen bauen sich auf; Kämme brechen und hinterlassen größere weiße Schaumflächen; etwas Gischt.
7	50-61	Steifer Wind	Die See beginnt sich zu türmen. Der weiße Schaum der Brecher legt sich in Streifen zur Windrichtung.
8	62-74	Stürmischer Wind	Mäßig hohe Wellenberge mit langen Kämmen. Gischt beginnt abzuwehen und die Luft zu füllen. Ausgeprägte Schaumstreifen in Windrichtung.
9	75-88	Sturm	Hohe, „rollende" Wellenberge mit dichten Schaumstreifen in Windrichtung. Beginnende Sichtbeeinträchtigung durch Gischt.
10	89-102	Schwerer Sturm	Sehr hohe Wellenberge mit langen, überbrechenden Kämmen. Schweres, stoßartiges Rollen der See. Sichtbeeinträchtigung durch Gischt.
11	103-117	Orkanartiger Sturm	Außergewöhnlich hohe Wellenberge. Durch Gischt herabgesetzte Sicht.
12	118-133	Orkan	Luft mit Schaum und Gischt angefüllt. See völlig weiß. Jede Fernsicht ausgeschlossen.

*) Beaufort-Skala

Blitz und Donner

Viele Menschen glauben, es gewittere nur im Sommer. Aber Blitz und Donner gibt's im Winter ebenfalls. Die einen, sogenannte Wärmegewitter, entstehen als Folge sommerlicher Schwüle; die anderen gehen mit den oben genannten Kaltfronten einher und können nicht minder heftig sein. Manchmal kracht es dann sogar gewaltiger als im Sommer.

Gewittern, gleich welcher Art, sollte man nicht als potenzieller Blitzableiter im Wege stehen. Ein solches Risiko besteht vor allem **im Watt und am Strand,** wo der Mensch mitunter die einzige Erhebung darstellt und den Blitz dann sozusagen „anlockt". Wattführer studieren deshalb sorgfältig den Wetterbericht und sagen schon mal eine Tour prophylaktisch ab. Aber man sollte auch selber vorbereitet sein. Immerhin werden in Deutschland jährlich ca. 100 Menschen vom Blitz getroffen, zu denen man ja nicht unbedingt gehören muss.

Bei Heranzug eines Gewitters – und nicht erst bei bereits stattfindender Entladung in nächster Nähe – verlasse man schleunigst flaches Gelände und suche **Schutz** in Gebäuden (nicht in Strandkörben). Im freien Gelände hocke man sich nieder, möglichst in einer Mulde. Von Fahrrädern und Pferden absteigen! Völlige Sicherheit bietet ein Auto; man lasse sich einladen.

Einem **Blitzopfer** kann man übrigens helfen, sofern entsprechende Maßnahmen ohne Verzug, d.h. innerhalb weniger Minuten, vorgenommen werden. Nicht „auf den Arzt warten", sondern sofort Mund-zu-Mund-Beatmung vornehmen, denn der Atemreflex kann gelähmt sein. Ein stehen gebliebenes Herz lässt sich durch Massage mit Glück ebenfalls wieder in Gang bringen. Und natürlich ist ein vom Blitz getroffener Mensch keineswegs „elektrisch aufgeladen" und kann ohne weiteres berührt und bewegt werden. Der nächste Schritt ist dann, und erst dann: Notruf 112.

Licht und Schatten

Wirkungen der Sonne

Nordseewind und -sonne bringen in Verbindung die schönsten Voraussetzungen zum Braunwerden mit sich. Der immer etwas kühle Wind lässt einen die Sonne kaum bemerken, und die Exponierung führt zu **gesunden Gesamtwirkungen,** die den Sonnenbadenden sich so gut drauf fühlen lassen. Alle Systeme geraten in erfreuliche Bewegung – eines der Geheimnisse der „Kur".

Wenn der Pelz zu brennen beginnt, ist es allerdings aus mit dem guten Feeling. Man neigt im kühlen Wind dazu, weitaus längere Lichtbäder zu nehmen, als unter Umständen gut ist. Und ein **Zuviel,** wie sich gewiss schon herumgesprochen hat, kann gefährlich sein ...

Niemandem soll die Freude an Licht und Luft versauert werden; genau für diese Wonnen fährt man ja an die See. Aber es ist bestimmt gut zu wissen, was man sich dabei einfangen kann und wie sich der Schaden vermeiden oder zumindest begrenzen lässt. Nicht nur in Australien, sondern auch in hiesigen Breiten hat die Aufweichung des Ozonschildes Schuld. Zwar kann von einem „Ozonloch" keineswegs die Rede sein. Doch mehr **schädliche UV-Strahlung** denn je sickert durch, die im Extremfall zu bösem Hautkrebs führt und ganz generell die menschliche Schwarte arg runzeln und altern lässt.

Hautkrebs

Deutsche – überhaupt „westliche" – Dermatologen haben mit sonneninduzierten Erkrankungen der Haut gut zu tun. Auch das **maligne Melanom** ist dabei, das zu rascher Metastasenbildung neigt und dann wenig Aussicht auf Heilbarkeit hat. Dieser tückischste Hautkrebs von allen fordert in Deutschland alljährlich über zweitausend Todesopfer.

Die **Strahlungsschäden** finden im Verborgenen statt. Der Keim für ein Karzinom wird in den tieferen Hautschichten gelegt und die Krankheit entfal-

012ha-foe Foto: rh

tet sich in der Norm viele Jahre später. Besonders gefährdet sind Kleinkinder, deren dünne Haut für schädliche Strahlen durchlässiger als die von Erwachsenen ist. „Der Zusammenhang zwischen der Anzahl frühkindlicher Sonnenbrände und dem Risiko, später an schwarzem Hautkrebs zu erkranken, gehört zu den gesicherten Erkenntnissen der Melanomforschung", sagt eine bekannte Dermatologin dazu. Neuesten Forschungen zufolge besteht dagegen ein Zusammenhang zwischen der Häufigkeit fiebriger Kinderkrankheiten und späterer Melanomempfänglichkeit: Fieber macht frühen Karzinomen offenbar den Garaus. Vielleicht ist man nach diesen Erkenntnissen wegen diverser durchlittener Influenzen in jungen Jahren immun gegen das Problem – aber in Sicherheit wiegen sollte man sich deshalb nicht.

Vorbeugung

„Aber es gibt doch Schutzmittel!" wird man einzuwenden versucht sein. Natürlich. **Sonnenschutzmittel** sind ja auch wirksam und haben ihren Platz an der Sonne. Ihre Applikation verführt allerdings zu einem Gefühl falscher Sicherheit, weil sich das Warnsignal eines Sonnenbrandes dann weniger rasch einstellt. Durch die längere Exponierung, die man dieserart auf sich nimmt, kann die UV-Strahlung auch so verborgene Schäden anrichten, sagen die Wissenschaftler. Denn perfekten Schutz bieten alle Mittelchen nicht. Man mag einem Sonnenbrand entgehen, aber zur unerkannten Krebsbildung kann es trotzdem kommen.

Umgekehrt führt **Sonnenbrand** keineswegs automatisch zu Krebs. Um den Schmerz zu lindern, nehme man eine kühle Dusche und pudere die betroffenen Stellen dann mit Talkum ein. Eine milde Creme wie z. B. Nivea ist ebenfalls hilfreich. Außer in schweren Fällen belästige man keinen Arzt. Ein etwaig losgetretenes Karzinom kann er in dieser Phase eh nicht finden noch das Geringste dagegen unternehmen.

Die beste Vorbeugung ist, und dazu raten alle Fachleute, die Sonne wenigstens **während der stärksten Strahlungsphase** (etwa 11 bis 15 Uhr) zu meiden. Dies gilt auch für einen bewölkten Himmel, der immer noch jede Menge UV durchlässt. Statusbraun wird man sowieso. An der Nordsee ist Streustrahlung im Übermaß vorhanden, die zu satter Pigmentierung beiträgt.

Auch im Wasser sollte man sich schützen. Denn dort knallt einem die Sonne, verstärkt durch viele kleine Tropfenlupen, besonders bedrohlich auf den Pelz. Einfache Gegenmaßnahme: Beim Baden einfach ein **T-Shirt** tragen.

Der beste Sonnenschutz ist ein Mittelchen mit einem riesenhohen Protektionsfaktor: ein **Sonnenschirm** oder **breitrandiger Hut** mit flächigen Schattenwurf. Man sollte sich aber darauf einstellen, dass der Sonnenschirm manchen Leuten Anlass zum Lästern bietet (oft gehört: „Regnet doch gar nicht!"). Man lasse ihnen den Spaß.

Meer und Ökologie

Verlust des Paradieses

Damals, als sich hier noch die Saurier tummelten, wäre das Baden im **Zechsteinmeer** – abgesehen von diversen Gefahrenmomenten durch gefräßiges Getier – eine Wonne gewesen. Denn nicht nur war es tropisch warm. Auch das Wasser dürfte die blitzeblaue Qualität eines Korallenmeeres gehabt haben – paradiesische Verhältnisse. Es oblag erst in allerjüngster Neuzeit der Krone der Schöpfung, daran etwas zu ändern.

Eine erwachende Menschheit wird das **20. Jahrhundert** vielleicht eines Tages rückblickend als die Ära der großen Schweinereien verdammen. Nicht nur wegen ihrer schauerlichen Kriege, sondern auch wegen der Verpestung unseres schönen Planeten durch menschengemachten Dreck. Innerhalb eines Sekundenbruchteils in der Geschichte der Erde und innerhalb nur einiger weniger menschlicher Generationen gelang die Abschaffung des Paradieses.

Eintragungen und Freisetzungen

Die Nordsee, von lauter Industrienationen umgeben, hatte bei dieser Entwicklung mehr zu leiden als fast jede andere Region auf der Erde. Im Zeichen des Fortschritts und unfähig (oder unwillig), tatsächliche Rückschritte in der Lebensqualität zu erkennen, ließen die Nordseeanrainer in den **1960er und 1970er Jahren** ihren Zivilisationsmüll ungehemmt in ihr Hausmeer fließen. Nicht nur ihre täglichen organischen Hinterlassenschaften, sondern alsbald auch in massivstem Maßstab Öle, giftige Chemikalien und Schwermetalle, Plaste und Elaste. „Eintragen" nannten sie es hübsch, oder „freisetzen", als das Tun erste Reaktionen der gequälten Natur nach sich zog und deshalb verharmlosend umschrieben werden musste. Vom Volk teuer alimentierte „Sachverständige" gaben sich bar aller Scham, mitunter vielleicht auch allen Wissens, dazu her, die See als „unbegrenzt absorptionsfähig" und „selbstreinigend" zu erklären, was den Eintragungen und Freisetzungen weiteren Auftrieb verlieh. Und nach dem Motto „Erst kommt das Fressen und dann die Moral" – auch bei tausendfachem Überschuss des Fressens – wäre es möglicherweise noch ewig so weitergegangen.

Ökologie wird Pflichtfach

Die Geschichte der Menschheit hat gezeigt, dass es mit Appellen an Einsicht nicht getan ist. Viele Leser dieser Zeilen werden einer Generation angehören, die schwor, alles besser zu machen. Es

013ha-foe Foto: rh

wurde, wie gleich zu lesen sein wird, auch tatsächlich vieles besser. Doch zum Ingangsetzen einer solchen Entwicklung stand keine Generation wie ein Mann und eine Frau auf. Es waren zuerst nur **Einzelgänger,** die sich bemerkbar machten und sie wurden anfangs als Quertreiber diffamiert und als Spinner verlacht. Doch die Begriffe des „Umweltschutzes" und der „Ökologie" gewannen rasch an Dimension, als die Probleme der uns umgebenden Welt immer unübersehbarer wurden. Letztlich konnte sich ihnen auch die große Politik nicht mehr versagen.

Im Jahre 1985 wurde das Konzept des **„Nationalparks Wattenmeer"** ins Leben gerufen, das große Teile der gesamten südlichen Nordseeküste von den Niederlanden bis Dänemark unter Schutz stellte. (Mehr zu diesem Thema gegen Ende des Buches.) Der Plan, ein 525.000 Hektar großes Naturreservat zu schaffen, stieß unter den Küstenbewohnern, vornehmlich in Schleswig-Holstein, auf heftigste Ablehnung. Man sah lang etablierte Pfründen in Gefahr, beschwor Niedergang und Verarmung herauf. Dem damals amtierenden Ministerpräsidenten *Uwe Barschel,* der das Projekt mit anschob, wurden sogar Todesdrohungen ins Haus geschickt. Wie extrem dringlich die Sache war, erwies sich jedoch daran, dass das Konzept ohne Verzug gegen alle Widerstände durchgepaukt wurde.

Nach und nach ging es darauf auch den **industriellen Großverschmutzern** an den Kragen, wobei die Organisation Greenpeace (lange von der Stadt Wyk unterstützt) eine führende Rolle spielte. Außerdem trug das Verschwinden der wenig umweltbewussten DDR erheblich zu saubereren Verhältnissen im Nordseeraum bei.

Sichtbare Besserung

Die Furcht, mit der Natur teilen zu müssen, einen letzten Quadratmeter nicht beackern oder befischen zu dürfen und dieserart nicht mehr zur allgemeinen Überproduktion beitragen zu können, sitzt offenbar tief in deutschen Knochen. Der aus öffentlichen Geldern gesponserte **Überschusswahnsinn,** der zu Bergen von 400.000 Tonnen Rindfleisch und 20 Millionen Tonnen Getreide geführt hat, ist derart Teil des Bewusstseins geworden, dass keine Gelegenheit ausgelassen wird, den ungeheuerlichen Halden weitere Substanz zuzuführen. Ist in diesem Zusammenhang dann gar von Arbeitsplatzverlust die Rede, kommt Panik auf – es muss weitergeackert werden, sinnvoll oder nicht.

Die **bescheidenen Erfolge** zur Rettung und Heilung der Küstenumwelt haben deshalb eine fragile Basis. Jeder Versuch, Schutzgebiete neu einzurichten oder zu erweitern, löst Stürme von Protesten aus. Selbst im Juni 2009, als das Wattenmeer dem Weltkulturerbe der UNESCO angegliedert wurde – ein wahrer Ritterschlag für die Region – regten sich wütende Gegenstimmen.

Dennoch hat das bisher Geleistete sichtbare Früchte getragen. Der Nordsee geht es wieder besser. Gut noch lange nicht, denn der **Prozess der Renaturierung** hat gerade erst begonnen; es gilt, mit allen Kräften daran weiterzuarbeiten. Und das, ausnahmsweise mal, auch im Zeichen der Ökonomie. Überall an der Küste, nicht zuletzt im umweltbewussten Föhr, hat man verinnerlicht, dass eine kaputte Natur keinen Kurgast anlockt. Der Kurs steht damit fest: Richtung heile Welt.

Wasser „sehr gut“

Wie sauber ist die Nordsee heute im Bereich von Föhr? Sie ist zumindest frei von Kolibakterien durch unmittelbare menschliche „Eintragungen“. Darauf hinaus läuft der alljährliche **Wassertest** des ADAC, der in den letzten Jahren der Nordsee stets Bestnoten gab – alles paletti. Zu Recht. Die Klärsysteme, die zu diesen Prädikaten beigetragen haben, sind in der Tat vom Modernsten, und das ganz besonders auf Föhr.

Was da braun und trübe an den Prielrändern strudelt, sind meereseigene, **natürlich-organi-**

Die Affäre Pallas

Was, wenn einmal ein vollbeladener Öltanker vor den deutschen Nordseeinseln auseinanderbricht? Dieses Horrorszenario steht stets aufs Neue im Raum, wenn es wieder einmal im meistbefahrenen Meer der Welt zu einem Schiffsunglück gekommen ist. Die Havarie des unter Bahamas-Flagge fahrenden Holzfrachters „Pallas" warf diese Frage zwangsläufig auf. Weil es sich gottlob um keinen Tanker handelte, ging die Sache halbwegs glimpflich ab. Halbwegs. Sie war auch so schlimm genug.

Kurz nach Mitternacht des 26. Oktober 1998 funkt der vor der jütländischen Küste befindliche Frachter SOS. Die Holzladung steht in Flammen, das Feuer breitet sich rasend schnell aus. In schwerem Wetter muss die Besatzung das Schiff verlassen; ein Mann kommt dabei ums Leben. Die restlichen 16 hieven dänische und deutsche Hubschrauber in einer todesmutigen Aktion aus der See. Die rotglühende „Pallas" treibt herrenlos auf die nordfriesischen Inseln zu.

In den nächsten 48 Stunden misslingen diverse Versuche, den Havaristen in stürmischer See nach Cuxhaven zu schleppen. Diese Bemühungen verringern lediglich die Distanz zur Küste. Am 30. Oktober läuft die „Pallas" acht Kilometer südwestlich von Amrum auf Grund. Und dort bleibt sie wie festgemauert liegen.

Was, wenn ... Wenn es sich jetzt um einen Tanker handelte, stünde Nordfriesland eine der größten Ökokatastrophen der Welt ins Haus. Es reicht auch so. Die „Pallas" hat mehr als 500 Tonnen Treibstoff an Bord. Schweröl, eine säuische Substanz, und in Tanks, die kaum haltbarer als Keksdosen sind, zumal das Schiff stattliche 27 Jahre alt ist. (Nach maximal 13 Jahren, rechnen Sachkenner, beginnen Schiffe zu vergammeln. Es war wohl auch die marode Elektrik der „Pallas", die die Ladung in Brand setzte.) Als das erste Öl ins Freie tritt, versucht man verzweifelt, das Wrack abzuschleppen. Das misslingt. Später werden sich alle Beteiligten mit Schuldzuweisungen und schwersten Vorwürfen („Inkompetenz! Dilettantismus!") überhäufen. Viele Leute glauben auch offenbar, es sei eine leichte Übung, ein havariertes Schiff bei schwerem Wetter „mal eben" auf den Haken zu nehmen.

Der insularen Tierwelt nützt das aber alles nichts mehr. Bis zum Ende der Tragödie wurden 16.000 Seevögel durch über 50 Tonnen Öl getötet. Viele Robben

066rh-foe Foto: rh

verendeten ebenfalls elendig, und der Schaden für die Kleinfauna der Watten war überhaupt nicht abzusehen.

Auch nicht der für das Fremdenverkehrsgewerbe. Obwohl die „Pallas“ dicht vor Amrum lag, erhielten die Föhrer Strände wegen der vorherrschenden Winde und Strömungen den Löwenanteil der Schmutzfracht. Auf der Insel wuchs die Wut über die andauernde Inaktivität der zuständigen Behörden; man dachte daran, mit eigenen Schiffen das Öl aus dem Wrack zu leichtern. Diese Aufgabe übernahm schließlich (am 20. November) eine holländische Hubinsel. Danach begannen Fachleute, die Aufbauten abzutragen – eine eher symbolische als nützliche Handlung – und den auseinander brechenden Schiffsrumpf mit Beton sowie einer Kunststoffmasse abzudichten und zur Gänze mit Sand zu füllen. Durch sein Eigengewicht verschwindet das Wrack allmählich. Man hofft, dass kein weiteres Öl aus dem an den Tschernobyler Atomwahn gemahnenden Sarkophag zutage treten wird.

Heute erinnert auf den Föhrer Stränden nichts mehr an das Fiasko. Nur für den deutschen Steuerzahler war von der Affäre „Pallas“ ein hübsches Souvenir übrig geblieben: Kosten von über zehn Millionen Mark, die auf Grund einer einseitigen Rechtslage niemand anders zu übernehmen gewillt noch in der Lage gewesen war.

sche Partikel, die es schon vor Urzeiten gab. Da Föhr auf allen Seiten von Watten und Schlickbänken umgeben ist, brodelt diese Urbrühe hier besonders intensiv – das Wattenmeer und die blaue Karibik sind halt zwei Paar Schuhe. Gesundheitsschädlich ist dieser Bräu aber keineswegs – solange nicht wie im Fall „Pallas“ (s. o.) gerade eine Ladung Öl darüber hinwegschwappt.

Allerdings, und das steht garantiert nicht im ADAC-Testbericht, landet, wie oben beschrieben, auch ohne Schiffshavarien **jede Menge Dreck** in der Nordsee, darunter ungezählte Tonnen unverbrannter Motorentreibstoffe, die jährlich aus der Atmosphäre abregnen. Der entstehende Gesamtmix trägt weiterhin zu einer gravierenden „toxischen Gesamtsituation“ bei, die zahllosen Tieren das Leben gekostet hat und deren Abschaffung eine der vordringlichsten Aufgaben unserer Zeit ist – und zwar ohne Herumdokterei mit „Grenz-“ und „Verträglichkeitswerten“. Unmittelbarer Schaden wird dem Menschen aber nicht zugefügt und die besorgte Frage mancher Gäste, „ob man in der Nordsee baden könne“, muss energisch mit „selbstverständlich!“ bejaht werden.

Niemand trinkt ja das Nordseewasser eimerweise, und selbst dann wäre das darin enthaltene **Salz,** das ohnehin einen erheblichen Bestandteil des menschlichen Körpers ausmacht, noch die schädlichste Substanz. Gar nicht schädlich ist das Salz, wenn man das Nordseewasser lediglich in kleinen Schlückchen zu sich nimmt – Seewasser (aus der Tiefe des Atlantiks) wird sogar zu Kurzwecken angeboten. Nordseenass in Nase und Stirnhöhle beugt auch effektiv Erkältungen vor, und in der Mundhöhle führt es auf Grund seiner bakteriziden Eigenschaften zu besserer Zahngesundheit. Also doch alles paletti!

014ha-foe Foto: rh

Föhrs Beitrag zum Umweltschutz

Gegen die bei der Umweltkatastrophe „Pallas" entstandenen Schäden, die diversen zu Nichts verpufften Aktionen und die vielen in den Sand gesetzten Millionen nehmen sich die Föhrer Beiträge zur Ökoszene eher rührend aus. Dennoch hat das bislang geleistete **„Integrierte Inselschutzkonzept"** Bestand und kann sich durchaus sehen lassen.

- Geradezu legendär, schon wegen seiner witzigen Formulierung, ist der **„Föhrer Dosenschwur".** Seit 1991 verzichtet der insulare Einzelhandel auf Getränkedosen und bietet Mehrwegverpackungen an. Inselgäste werden ermutigt, dabei kräftig mitzumachen.
- Das **Geschirrmobil** des BUND stattet Marktveranstaltungen und Festivitäten zur Vermeidung von Plastikmüll mit Porzellangeschirr und Bestecken aus, eine Maßnahme, die sich bewährt hat.
- Die Stadt Wyk hat sich verpflichtet, auf **PVC** (für Strandkörbe) und **Tropenholz** zu verzichten.

- Im Sperrgutbasar Wyk wird zweimal pro Woche ein Tausch von Gebrauchtgütern veranstaltet. Der Anfall von **Sperrmüll** konnte auf diese Weise um über 30 % reduziert werden.
- Der BUND unterstützt **Landwirte** bei der Direktvermarktung ihrer Produkte und minimiert dieserart Transportwege.
- Föhrer **Windkraftanlagen,** 20 an der Zahl, liefern derzeit ein Fünftel des Strombedarfs. Die Kläranlage Wyk betreibt ein **Blockheizkraftwerk** und zwei Windkraftanlagen und erzeugt zwei Drittel ihres Stromes selbst. Im Stadtkern wird zunehmend mit einem Nahwärmenetz geheizt, das einem zentralen Blockheizkraftwerk angeschlossen wird. Der Rest der Insel hängt an einer Erdgasversorgung.
- **Solarenergie** wird auf Föhr in zunehmendem Maße genutzt.
- **Dachgärten,** sogar für den Gemüseanbau, werden auf Föhr gefördert.

Öko-Info

- **NationalparkZentrum,**
Nationalpark-Zentrum (Ausstellung im Rathaus), Wyk, 2. Stock, Tel. 4290. Watt- und Halligführungen in Zusammenarbeit mit der Wyker Dampfschiffs-Reederei, Tel. 501664.

Natur- und Umweltschutzbände

- **BUND und Stiftung Fering Natüür,**
Geschirmobil, Sperrgutbasar, Wattführungen, Mühlenweg 10, Midlum, Tel. 4620. Regionale Produkte: Infos unter vermarktung@regionuthlande.de und www.bund-foehr.de.
- **Elmeere e.V.,**
Dieter Risse, Feldstr. 11, Wyk, Tel. 4498.
- **Schutzstation Wattenmeer,**
Wattenmeerraum mit Diorama, Naturkundliche Führungen, Dia-Vorträge, ökologische Vorträge, Mikroskopieren nach Wattwanderungen, Badestr. 111, Wyk, Info: Tel. 1313 oder 3556. Außenstelle Bauwagen im Oldsumer Vorland (kleines Infozentrum der Schutzstation Wattenmeer, besetzt von Mai bis September). Infos unter www.wattenmeer-nationalpark.de.

Steinmann in Oldsum

015ha-foe Foto: rh

Friesen und Deutsche

Fering

„Hartelk welkimen üüb det green eilun!" Das heißt auf Fering (Föhrer Friesisch): „Herzlich willkommen auf der grünen Insel!" Und obwohl der Spruch und die Sprache auf den ersten Blick recht fremdländisch anmuten, lässt sich auf den zweiten bereits die enge **Verwandtschaft mit dem Hochdeutschen** herauslesen – mit dem Niederdeutschen sowieso. Wer zudem Englisch, Niederländisch und/oder Dänisch beherrscht, wird sich im Föhrischen alsbald zurechtfinden, denn von allen genannten Sprachen sind Elemente darin enthalten. Außerdem gibt es Wörter- und **Lehrbücher,** weil Fering Schulfach auf der Insel ist. Etwas Talent und guten Willen vorausgesetzt, kann man mit den Eingeborenen, von denen etwa 70 Prozent das Idiom beherrschen, irgendwann einmal lustig kommunizieren.

Literaturtipp: „Plattdüütsch", Kauderwelsch-Sprechführer, Reise Know-How Verlag

Urige Friesennamen

Wenn man ein wenig in Föhrer Literatur blättert, fallen einem kuriose Namen ins Auge, die nicht nur völlig undeutsch klingen, sondern sogar in fernen exotischen Ländern ihr Daheim haben könnten. Wäre ein Mann namens *Bho Hai Bhon* nicht eher in China oder Vietnam anzusiedeln als am nordfriesischen Wattenmeer? Aber nein, es handelte sich um einen waschechten Föhrer. Er lebte zwar im 17. Jahrhundert, aber friesische Namen wie der Seinige haben heute immer noch Bestand. Sie werden Föhrer Neugeborenen weiterhin liberal zugeteilt, wobei die Einheimischen allerdings manchmal selbst nicht wissen, ob es sich um männliche oder weibliche Zuordnungen handelt.

Im Zweifelsfall bestimmt das heute die Bürokratie mittels einer Verordnung, dass einem Säugling gegebenenfalls ein zusätzliches „geschlechtsspezifisches" Etikett aufgepappt werden muss. Das war nicht immer so, aber bürokratisch ging es schon anno 1751 zu. In jenem Jahr gebar Frau *Ketels* in Süderende ein Kind, welches voller Freude *„Anna"* getauft wurde. Dann stellte sich heraus, dass es sich um einen Knaben handelte. Aber die *Anna* stand schon zu Buch, und da war nichts mehr zu machen. Der Herr *Ketels* musste sich als Anna durch sein gesamtes Leben schleppen und bekam den „Schandnamen" sogar noch auf sein Grabmal gemeißelt!

Auf den nordfriesischen Inseln wurde, friesischer Tradition entsprechend, stets die sogenannte patronymische Namensgebung verwandt. Nach dieser bildete man aus dem Vornamen des Vaters den Stammnamen der Kinder, und zwar nicht mit dem (skandinavischen) Anhängsel -sen, das es heute viel in Schleswig-Holstein gibt, sondern über eine Genitivform. Die Abkömmlinge (und die Ehefrau) eines Mannes namens *Hark Ketels* zum Beispiel erhielten den Nachnamen *Harks* oder *Harken*. Gegen das Durcheinander, das dieserart entstand, gingen die Behörden schon 1771 vor, doch zu einer Abschaffung dieses Systems kam es erst um die Mitte des 19. Jahrhunderts.

Möchte jemand seinen Nachwuchs friesisch taufen? *Tücke* vielleicht, *Ingwer, Wagen* oder *Sitzele*? Hier eine kleine Auswahl von Vornamen:

männlich	**weiblich**
Arfst	*Crassen*
Bo(h)	*Früdde*
Boy	*Gunnel*
Brar	*Guntje*
Drefs	*Ing*
Eck	*Kaike, Keike*
Eschel	*Mattje*
Follig	*Oldi*
Früd	*Pave*
Hark	*Rahn*
Hay	*Rörde*
Ingwer	*Sabb*
Na(h)men	*Sitz(e)le*
Ocke	*Taran*
Olde	*Tesje*
Roluf	*Thur*
Rord, Rörd	*Thurke*
Tade	*Wehn*
Tarn	
Tatt	
Tay	
Terr	
Tücke	
Vülck	
Wagen	
Wögen	

So witzig dieser Bonsai-Regionalismus sein mag: Einige **„Föhringer"** bestehen darauf, gar keine Deutschen zu sein, sondern, schon der eigenen Sprache wegen, etwas ganz Spezielles. (Asylanten in Deutschland vielleicht? Oder „Kleinkunstdarsteller", wie *Harald Schmidt* Mundartler nennt? Wessis? Ossis? Weil Föhr einst zweigeteilt war?) Gottlob heißt die Föhrer Parole aber: „Ausländer (nämlich die Deutschen) rein!" Denn die bringen das Geld, und weil der Fremdenverkehr eine Zeitlang rückläufig zu werden drohte, heißt man sie wieder ganz besonders *hartelk welkimen*.

Moin, moin!

Im Friesischen grüßt man bevorzugt mit einem einfachen oder doppelten „moin", und zwar von morgens bis abends. Binnenländer kommen sich oft veralbert vor, weil ihnen bei der **Grußformel** ein „guter Morgen" vorschwebt. Und der noch am späten Abend?! Das Wort „moin" ist jedoch eine Korrumpierung von „mooi" und bedeutet „gut". Man wünscht dieserart „alles Gute". Das ist doch gut, oder etwa nicht? Selbst die Föhrer sehen das ein, denn für sie ist der Gruß (aus der Südwestecke der Nordsee) ebenfalls importiert.

016ha-foe Foto: rh

Essen und Trinken

Essen

Königliches

Der berühmte dänische Dichter *Hans Christian Andersen* zeichnete anno **1844** auf, wie essensfroh es im Nordfriesischen zuging, als sein *König Christian VIII.* nebst Gattin eine Inseltour von Föhr nach Oland unternahm. Auf dem Ausflugsdampfer „Kiel" reichte man unter anderem:

Suppe mit Reis, purée von Wurzeln
Austern. Citron
Gekochte Steinbutte. Kartoffeln. Zwei Soßen.
Fricandeaux von Rehwild. Zwei Soßen.
Räucheraal. Grüne Erbsen. Blumenkohl
Braten. Hühnchen. Salate. Kompott
Charlotte russe mit Vanille
Desserts

Für die „Lakaien, Musiker und Schiffsbesatzung" fielen immerhin noch „Suppe mit Reis, Ochsenfleisch mit Gemüsen, gebratene Enten und Hühnchen" ab, und „nach der Tafel wurde um den Schornstein herumgetanzt".

Reichhaltig und gesund

Dass bei einer Fete des höchst beliebten Regenten fürstlich aufgefahren wurde, versteht sich von selbst, und dass es zu jedem Menü „zwei Soßen" gab, ist typisch für Dänemark, wo man sich noch heute für sämige Industrieprodukte dieser Art („saus") begeistert. Doch die Reichhaltigkeit ist auch charakteristisch für Föhr. Dort verstand man schon immer (im Gegensatz zum kargen Amrum) **gut zu essen,** denn sowohl die Fischerei als auch die Landwirtschaft waren zumeist einträglich und ließen sich mit Gewinn kulinarisch verbinden.

Es ist angesichts einer **gesunden Ernährungslage** bestimmt nicht verwunderlich, dass sich *Christian Morgenstern* (1905) über die Insulaner so äußerte: „Die Föhringer selbst scheinen ein vortrefflicher Menschenschlag zu sein. Unter den Frauen sieht man viel frische Anmut, fast alle haben sie prächtiges Haar, dessen kranzartig auf dem Hinterkopf ruhendes Geflecht malerische schwarze Kopftücher umrahmen, aber nicht bedecken, und blendend weiße Zähne ..." – alles Zeichen für ausgewogenes, naturbelassenes Essen. (Diese Beobachtungen sind bemerkenswert, denn sie stehen in auffälligem Kontrast zu jenen auf anderen Nordseeinseln, zum Beispiel Norderney, dessen Weiblichkeit *Heinrich Heine* ausgesprochen abstoßend fand.)

Auf Krabben beißen

Im Kapitel „Gastronomie" ist nachstehend verzeichnet, wo überall auf Föhr man sich heute delektieren kann. Dankenswerterweise wird in einem kleinen Gastro-Führer des Bewirtungsgewerbes darauf hingewiesen, „dass zwei, drei kleine Mahlzeiten immer noch gesünder sind als das große ‚Fressen'". Sehr wahr. Diese Weisheit kann man in die Praxis umsetzen, indem man sich im Wyker Fischereihafen, dem größten (wenn auch keineswegs bedeutendsten) weit und breit, **direkt vom Kutter** mit Fisch oder Krabben eindeckt.

Die Nordseegarnelen (auf plattdeutsch auch „Poorn" genannt) sind das Leckerste, was unser Hausmeer zu bieten hat – allerdings auch das Teuerste. Man sollte das Meeresgewürm selbst „puhlen" (schälen), andernfalls bezahlt man bis zum Zehnfachen dafür.

Matjes

Auch der edle Matjes-Hering ist nicht gerade spottbillig. Er kommt zumeist aus Emden, wo man ihn großindustriell herstellt und er ist immer von solch hoher Qualität, dass man ihn auch **„Kaviar der Nordsee"** nennt.

Man kann ihn übrigens ohne weiteres am Schwanz packen und mit einem Minimum an Kautätigkeit den Schlund hinabgleiten lassen, denn das ist die akzeptierte **Verzehrmethode.** Im Restaurant macht man das allerdings nicht, zumal die diversen Beilagen (Pellkartoffeln, Zwiebelringe und saure Sahne) dabei hinderlich wären.

Große Auswahl

An **Meeresfrüchten** ist, auch über diese beiden Glanzpunkte hinaus, auf Föhr also kein Mangel. Austern, Miesmuscheln (die Muschelfischerei wird sehr intensiv betrieben), zahlreiche Arten von Fisch, alles dies ist vorhanden. Und für den Esser sehr gesund, vornehmlich für jene Menschen, die an Jod-Defiziten und assoziierten Schilddrüsenstörungen kranken – Millionen von ihnen gibt es in Deutschland.

Und zur maritimen Speisung vielleicht das eine oder andere Produkt aus der **Föhrer Landwirtschaft?** Man kann sich auf einem Bauernhof (sogar Biohof) einnisten und dort leben wie die Föhrer und Föhrerinnen zu *Morgensterns* Zeiten – auf

070ha-foe Foto: rh

018ha-foe Foto: rh

dass man, wenn man's nicht schon ist, ebenfalls zu einem „vortrefflichen Menschenschlag" gedeihe.

Getränke

Alk

Dass die Föhrer Wirte sich mit der Einschränkung „Es muss ja nicht immer Alkohol sein" sozusagen Selbstdisziplin auferlegen, ist beachtens- und begrüßenswert. Es stimmt auch gar nicht, dass, so ein hartnäckiges binnenländisches **Klischee,** die Küstenvölker ständig mit einem Flachmann in der Tasche herumlaufen, um sich wegen der kühlen Witterung immer mal aufwärmend einen zu gönnen. (Diese Prämisse ist ohnehin nicht korrekt: Alkohol wirkt keineswegs gegen die Kälte, sondern entzieht dem Körper Wärme. Ein Zuviel bei starker Unterkühlung ist sogar sehr gefährlich.) Wenig falsch machen, mit Ausnahme eines fühlbaren Budget-Einschnitts, kann man allerdings mit einem **„Pharisäer"** (Kaffee mit einem Schuss Rum und Sahnehäubchen) oder einer **„Toten Tante"** (das Gleiche auf Kakaobasis, auch „Lumumba" genannt), beides echte Spezialitäten der deutschen Nordwestküste, aber mit bis zu fünf Euro pro Tasse ganz schön happig teuer.

Tee

„Typisch friesisch" ist aber eher, dass man Tee in mancherlei Form zu sich nimmt. Zwar wird in Schleswig-Holstein nicht ein solcher **Kult** mit dem Getränk getrieben wie bei den Ostfriesen. Doch man weiß den guten Stoff ebenso zu schätzen und in den zahlreichen **Teestuben** erhält man eine erstklassige Labe. Oder man kann auch mal in einem Teeladen stöbern. Gerade auf Föhr (Wyk, Nieblum, Oevenum ...) findet man da ausgesprochen feine Sachen.

Föhrs **Wasser** ist übrigens von guter Qualität, es gibt ein Wasserwerk in Hedehusum und ein zweites zwischen Wyk und Nieblum. Man kann das Wasser unbesorgt trinken, ohne sich der Sorge hinzugeben, dass die Fladen der elftausend insularen Rindviecher seine Qualität womöglich beeinträchtigten.

Schlicht und schön: Friesenhaus

060ha-foe Foto: rh

Insel-Info A–Z

Adressen

- **PLZ:** 25938 (ganz Föhr).
- **Vorwahl:** Alkersum, Midlum, Nieblum, Oevenum, Wrixum, Wyk: 04681. Borgsum, Dunsum, Oldsum, Süderende, Utersum, Witsum: 04683. Für Telefonnummern ohne Vorwahlangabe gilt im ganzen Buch 04681, ansonsten ist 04683 vorangestellt (siehe auch Umschlagklappe hinten):

Wichtige Telefonnummern:

• **Polizei** (am Hafen in Wyk):	580470
• **Notruf:**	110
• **Feuerwehr:**	112
• **Fährauskunft:**	80146/7

Informationen aus dem Internet

- **Touristinformation, Kurverwaltung und Zentrale Zimmervermittlung, Tourismus GmbH,**
Am Fähranleger 1 (W.D.R. Gebäude), 25938 Wyk
Tel. 04681-300, Fax 3068;
Mo-Fr 8-18 Uhr, Sa/So/Fei 9-18 Uhr
Internet: www.foehr.de
E-Mail: urlaub@foehr.de
- **Kurverwaltung Nieblum,**
Poststraat 2, 25938 Nieblum. Tel. 2559, Fax 3411;
Mo-Fr 9-12 und 13.30-17 Uhr, Sa 9-12.30 Uhr,
So 10-12 Uhr
E-Mail: nieblum@foehr.de
- **Kurverwaltung Utersum,**
Klaf 2, 25938 Utersum. Tel. 04683-346, Fax 1361;
Mo-Fr 9-17 Uhr, Sa/So 9-13 Uhr
E-Mail: utersum@foehr.de
- **Umwelt- und Veranstaltungszentrum,**
Sandwall 38, Wyk, Tel. 50349 und 300.

Kuranwendungen

- **Kurmittelhaus Wyk,** Stockmannsweg 1 (aquaföhr-Wellenbad), Tel. 3048, auch Tourist-Info.
- **Kurzentrum Hilligenlei,** Wyk-Südstrand, Tel. 587272
- **Kleines Kurmittelhaus,** Klaf 6, Utersum, Tel. 04683-887
- **Nordseesanatorium Marienhof,**
Am Golfplatz 9a, Wyk, Tel. 5880
- **Klinik Westfalen,** Sandwall 25-27, Wyk, Tel. 5990
- **Kurmittelzentrum,**
Be de Süd 15, Nieblum, Tel. 741714

Bank

- **Geldautomaten** in Wyk in der Boldixumer Str. 21 und noch in Nieblum, Große Str. 5.

Post

- **Wyk:** Feldstr. 32
- **Nieblum:** Feinkost Hückstädt, J.J.-Eschelstr. 13
- **Utersum:** Jaardenhuug 9 (Edeka)

Ärzte

Notdienst: Der jeweilige diensthabende Arzt ist täglich von 18 bis 8 Uhr unter der Rufnummer (04681)-580058 erreichbar. Zur Beachtung: Die Ambulanz des Krankenhauses kann nur mit einer Überweisung eines ortsansässigen Arztes in Anspruch genommen werden.

Allgemeinmedizin

Wyk

- **Dr. Borth,** Allgemeinarzt: St. Nicolaistr. 1, Tel. 593333
- **Dr. Kaltenbach und Dr. Meyer-Schillhorn,** Allgemein- und Badeärzte: Hafenstr. 4, Tel. 4295 oder 4233
- **Dr. Raabe,** Internist, Allergologe und Badearzt: Mühlenstr. 21, Tel. 580500

Dr. Spitzhorn, Allgemein- und Badearzt: Olhörnweg 30, Tel. 59130

- **Dr. Stoklasa,** Arzt und Badearzt (Sportmedizin): Amselweg 1a, Tel. 971
- **Dr. Paluch,** Internist: Mühlenstr. 21, Tel. 580500
- **Dr. Ziegler,** Allgemein- und Badearzt (Naturheilverfahren): Hafenstr. 34, Tel. 8558

Andere Orte

- **H. Marczinkowski,** Allgemeinarzt (Naturheilverfahren), Schulweg 3, Midlum, Tel. 4555
- **Dr. Weber,** Allgemein- und Badearzt: Lungjaat 11, Utersum, Tel. 04683-352

Zahnärzte

Wyk

- **Frau Dr. Jochim,** Friedrichstr. 8a, Tel. 2155
- **Dr. Herr,** Große Str. 13, Tel. 747848
- **Dr. Krüdenscheidt,** Königstr. 5, Tel. 2382
- **Dr. Zietz,** Gartenstr. 15, Tel. 8803

Nieblum

- **W. Geerk,** Kertelheinallee 16, Tel. 59101

Tierärzte

Wyk

- **Janine Bahr,** Grönland 1a, Tel. 0177-3300077
- **S. und M. Horster,** Kohharder Weg 3, Tel. 2581 oder 747375
- **H. und V. Reck,** Am Grünstreifen 7, Tel. 59240

Optiker

Wyk

- **Moritz,** Große Str. 38, Tel. 2565
- **Hetsch,** Mittelstr. 16b, Tel. 4144

Apotheken

Wyk

- **Hafen-Apotheke,** Hafenstr. 42, Tel. 1712
- **Insel-Apotheke,** Große Str. 33, Tel. 4446
- **Kur-Apotheke,** Sandwall 42, Tel. 2722

Einkaufen

In Wyk gibt es jede Menge Einkaufszentren, aber auch in den Landgemeinden sind überall kleine **Supermärkte** vertreten, allen voran Läden der Firma „Edeka". Diese zeichnen sich erfreulicherweise durch einen Lebensmittel-Bringservice aus, so dass dort auch Gäste ohne Auto bequem einkaufen und sich die Waren ans Quartier liefern lassen können.

Außer den Supermärkten sind zahlreiche **Einzelhandelsgeschäfte** wie Bäckereien, Schlachtereien und Fischläden zu finden. Anhänger von **Vollwertkost** können sich in Wyk in Spezialgeschäften und auf zwei Biobauernhöfen in Oldsum (Tel. 04683-96146) und Utersum (Tel. 04683-865) eindecken.

Weder **Preise** noch **Ladenöffnungszeiten** unterscheiden sich wesentlich von denen auf dem Festland. Decken und Textilien aus Schafwolle sind eine **insulare Spezialität,** aber alles andere als billig. Bücher zu Inselthemen: bu-bu, Sandwall 20, Wyk.

Fortbewegung

Zu Fuß

Alltägliche Gänge lassen sich innerhalb der Inselgemeinde, in der man logiert, auf Grund bescheidener Distanzen leicht bewältigen. Auch die „Großstadt“ Wyk stellt insofern ganz gewiss kein Hindernis dar. Für Wanderungen muss man, da Föhr ansehnliche Dimensionen hat, aber schon etwas mehr Energie aufwenden. Sie sind deshalb separat unter „Sport“ aufgelistet.

Per Fahrrad

Die zwei Räder sind Föhrs beliebtestes und gebräuchlichstes alternatives Verkehrsmittel. In Wyk gibt es massenhaft Shops, und auch in den meisten Dörfern sind Verleiher präsent.

Das weitläufige **Straßennetz** der Insel bietet sich ideal für Radtouren an. Steigungen gibt es (mit Ausnahme des Deiches) keine; nur der Wind, Charakteristikum der Nordseeküsten, scheint immer von vorn zu blasen. Radwege führen entlang der meisten Verkehrsstraßen, so dass man dort gefahrlos pedalen kann, und auf den überaus zahlreichen befestigten und so gut wie verkehrslosen Wirtschaftswegen, die das platte Land durchziehen, sind Radler ebenfalls bestens aufgehoben.

Wo darf man **nicht Rad fahren?** Dort wo Radfahren nicht ausdrücklich zugelassen ist, haben Radler auch nichts verloren: an den Stränden und im Watt (zumal Sand und Salzwasser sehr ungesund für die Zweiradmechanik sind), auf abgezäunten Landwegen und, falls dort keine Radwege ausgewiesen sind, entlang der Deiche. Auch auf der Wyker Strandpromenade und in der Fußgängerzone ist Radeln nicht erlaubt.

Es gibt mehrere **empfohlene Radtouren,** die durch verschiedene Symbole ausgeschildert sind.

Außerdem existieren **drei „Fahrradtankstellen“,** wo man Luft pumpen und auch sonst eine Stärkung erfahren kann. Die eine befindet sich auf dem „Hof Nr. 19“ (nördlich von Midlum, Tel. 2160) und bietet außer heißer Luft Getränke,

Schmalzbrot, Kuchen, Crèpes, Eis und sogar Ferienwohnungen an. Die zweite (offen 1.5.-31.8.) ist „Am blauen Turm" (Tel. 580430) nahe der Boldixumer Vogelkoje, mit sommerlichem Kinderspielplatz und Kiosk. Und die dritte findet man direkt an der Lembecksburg in Borgsum.

Manche Gastgeber verleihen auch (kostenlos) Räder und/oder Kindersitze. Mal danach fragen. Ansonsten wende man sich an folgende **Fahrradverleiher:**

- **Eleonore Baerenzung,** Wrixum, Dörpwundt 13, Tel. 2402
- **Büttner,** Wyk, Boldixumer Str. 9, Tel. 741545
- **Deichgraf,** Wyk, Hafenstr. 5, Tel. 2487
- **Fehr,** Wyk, Badestr. 6, Tel. 3864
- **Paula Hansen,** Utersum, Tel. 04683-244
- **Jürgens (Erk),** Oldsum 158, Tel. 04683-704
- **Lindemann,** Utersum, Jaardenhuug 12, Tel. 04693-1516
- **Martens,** Wyk, Rugstieg 19a, Tel. 3481
- **Nordseewind,** Wrixum, Ohl Dörp 18b, Tel. 580830 und Nieblum, J.J. Eschelstr. 26c, Tel. 748924
- **Petersen,** Oevenum, Tel. 8303
- **„Petra",** Wyk, Königstraße 3, Tel. 8989
- **„Plattfuß",** Borgsum, Taarepswoi 17, Tel. 04683-332
- **Schultz,** Wyk, Süderstr. 22, Tel. 8319
- **Strandbasar,** Wyk, Gmelinstr. 22a, Tel. 8624
- **Wellenluper,** Nieblum, J.J.-Eschelstr. 5, Tel. 04683-963996

Durchschnittliche Preise für Mieträder
(in Euro)

	Stunde	Tag	Woche
Normales Fahrrad	1,50	6,00	15,00
Mountainbike	3,50	8,50	
Fahrradanhänger	6,00	25,00	
Kinderkarre	3,00	13,00	
Bollerwagen	3,50	18,00	

Zu Pferde Siehe „Sport/Reiten".

019ha-foe Foto: rh

Mit dem Auto

Der Hinweis, dass das Auto auf Föhr nicht mit offenen Armen willkommen geheißen wird, sei an dieser Stelle wiederholt. Mancherorts **ballen sich die Autos** auch in unidyllischem Maße zusammen, so auf einigen Wyker Straßen und auf Nieblums Kertelhein-Allee, wo im Zuge zunehmender „Versyltung" viel Renommierblech zur Schau gestellt wird, statt damit von A nach B zu rollern. Wenn man am Strand ein paar Stunden frische Nordseeluft geatmet hat, wird einem der Unterschied ziemlich leidvoll bewusst: Alle Autos möffeln, auch die teuersten.

Zu beachten ist, dass für die gesamten **Ortsbereiche** von Wyk sowie aller Gemeinden auf Föhr-Land Tempo 30 km/h gilt. Innerhalb dieser Zone ist zudem fast überall die „Rechts-vor-links"-Vorfahrtsregelung in Kraft. Überdies muss im Innenstadtbereich von Wyk von April bis Oktober ein Nachtfahrverbot (23-5 Uhr) eingehalten werden. Fußgängerzone Wyk: Siehe Stadtkarte. Autofahrer seien auch auf die großen Parkplätze am Ortseingang von Wyk (links und rechts von „Am Hafen") hingewiesen, auf denen man das Fahrzeug abstellen kann.

Tankstellen befinden sich in Wyk (Aral, Boldixumer Str. 20) und in Nieblum (DEA, Ortsmitte). Dort gibt es auch **Autowaschanlagen.** Darüber hinaus kann man einen städtischen Autowaschplatz bei der Kläranlage (Öffnungszeiten siehe Aushang) benutzen.

Per Bus

Alle Inselorte sind ab Wyk/Fähranleger durch Busse zu erreichen, die im Sommer halbstündlich fahren. Im Winter ist die **Frequenz** etwas niedriger.

Die vollen **Preise** liegen, je nach Distanz, zwischen € 1,50 und € 3,10. Das Tagesticket kostet € 7,00 Wochenkarte (übertragbar): € 17,80 (nur Wyk € 10,50). Kinder unter 6 J. frei.

Per Taxi

Es gibt fünf **Unternehmen** (alle in Wyk) mit den Telefonnummern 2242, 3705, 3733, 4420, 8227 und 7471700 (jeweilige Vorwahl 04681).

Führungen und Rundfahrten

Allgemeines

Einzelheiten zu diesem Gesamtkomplex werden im Sommer wöchentlich in der Broschüre „Ausflugsprogramm von Föhr" der W.D.R. bekannt gemacht, die in allen touristischen Einrichtungen gratis erhältlich ist.

Inselbahn

Föhr-Rundfahrt mit Straßenzug („Friesenexpress"), März-Nov. Abfahrt am Hafen. Erw. € 8, Kinder € 4, www.friesenexpress.de.

Schiffstouren

Die Schiffstouren **beginnen** an der „Alten Mole" in Wyk (links vom Fähranleger) oder auch direkt an der Fährpier.

Strandexkursion

02oha-foe Foto: wdr

Die meisten **Ausflugsfahrten** finden im Bereich des Wattenmeers statt, wo man keine Angst vor der bösen Seekrankheit zu haben braucht. Bei wirklich schlechtem Wetter werden die Touren ohnehin storniert, und dafür sollte man wohlwollendes Verständnis haben.

Dies gilt auch ganz besonders für **Wattwanderungen,** die bei heraufziehenden Sturmfluten oder Gewittern schon mal kurzfristig abgesagt werden können. Hier kommen handfeste Sicherheitsüberlegungen zum Tragen, und auch damit darf man keinen Hader haben.

Informationen und Fahrkarten für die nachstehenden Programme gibt es an folgenden Stellen:

- **Wyk:** W.D.R.-Fahrkartenschalter am Hafen, Tel. 80-146/7
- **Wyk:** Föhr-Amrumer Reisebüro, Mittelstr. 6, Tel. 3129
- **Wyk:** Aquaföhr, Stockmannsweg 1, Tel. 300
- **Nieblum:** Kurverwaltung, Poststr. 2, Tel. 501734
- **Utersum:** Kurverwaltung, Haus des Gastes, Klaf 2, Tel. 04683-346

Preise Führungen und Rundfahrten (in Euro)

	Dauer (Std.)	Erw.	Kinder (6-14)	Familie
● Amrum				
- Tagesfahrt	4-10	8,00	4,00	
● Föhr				
- Inselrundfahrt	2,5	7,00-8,50	4,00-5,80	
● Halligen				
- Langeneß	7	15,00	7,50	39,00
- Langeneß mit Führung	7	10,00	5,00	
- Hooge	5	15,00	7,50	39,00
- Hooge mit Führung	5	5,00	3,00	
- Gröde	5	20,00	14,00	62,00
● Sylt				
- Hörnum, mit Inselrundfahrt	11	34,50	19,50	93,50
● Diverse Fahrten				
- Seehundsbänke	3	13,00	6,50	33,80
- Seetierfang im Watt	2	12,50	6,25	32,50
- Piratenfahrt	4	13,00	15,00	
- Kreuzfahrt Wattenm.	7	20,30	10,15	
● Wattwanderungen				
- Norderoog/Hooge	6	25,50	12,75	66,30
- Oland/Langeneß	6	25,50	12,75	66,30
- Amrum	6	17,00	8,50	44,20
● Busfahrten nach Dänemark (über Dagebüll)				
- Legoland	12	48,00	41,00	
- Tondern/Nolde	10	27,00	25,00	
- Dänemark-Rundfahrt	12	37,00	33,00	

Auslaufendes Exkursionsschiff (Wyk)

021ha-foe Foto: rh

Flugtouren Im Sommer kann man mit der Firma Westküstenflug Lange (Tel. 8139, privat 04683-309) **Rundtouren über die nordfriesische Insel- und Halligwelt** (ohne Landungen) unternehmen, die je nach Distanz ca. 40-110 Euro kosten. Die Maschinen sind geräuschreduziert, denn in Wyk auf Föhr, ganz besonders aber auf Amrum, ist man sehr lärmempfindlich.

Naturkundliche Touren Die Föhrer Öko-Organisationen veranstalten im Sommer (ca. Mai-Oktober) ständig diverse naturkundliche Programme, die in der monatlichen Veranstaltungsbroschüre aufgelistet und am Umweltzentrum im Aushang publik gemacht sind. Spezifisch wird Folgendes angeboten:

- **Naturkundliche Strandwanderungen** entlang des Spülsaums am Südstrand.
- **Wattwanderungen,** ca. 2-3 Stunden Dauer, ab Strandstraße/Südstrand.
- **Meeresbiologische Kutterfahrten,** ca. 3 Stunden.
- **Fahrrad-Inseltouren,** ca. 5 Stunden.
- **Vogelkundliche Fahrradtouren,** ca. 2-3 Stunden.
- **Deich-Vogelkojen-Marschwanderungen,** ca. 4 Stunden.
- **Vorlandführungen,** ca. 2 Stunden.
- **Besuch der Igelstation,** Info-Tel. 741571.

Einige dieser Touren sind kostenpflichtig, bei anderen ist eine Spende üblich. Das Umwelt- und Veranstaltungszentrum befindet sich am Sandwall 38; Telefonnummern im Vorspann.

Wattwanderungen

Föhr liegt inmitten von Watten und lädt zu „Wanderungen auf dem Meeresboden" geradezu ein. (Wobei zu beachten ist, dass die Nordküste zum Teil direkt an den Nationalpark grenzt und das davor liegende Watt nicht betreten werden darf). Die mit Abstand interessanteste Route ist eine **Tour von Dunsum an der Westküste nach Amrum,** die einen Marsch von etwa zwei Stunden beinhaltet und von der Reederei W.D.R. angeboten wird. Selbige gibt die folgende Tourbeschreibung:

„Ihr Ausflug beginnt mit einer Busfahrt von den Haltestellen ‚Kurverwaltung Wyk-Südstrand' oder ‚Reedereigebäude am Hafen'. Der Bus fährt dann noch die Haltestelle ‚Nieblum-Tankstelle' an und anschließend direkt zum Deich bei Groß-Dunsum.

Vom Seedeich aus sehen Sie in Richtung Westen den Leuchtturm von Hörnum auf Sylt, und weiter rechts können Sie bei guter Sicht die Hochhäuser von Westerland erkennen. Halblinks von Ihrem Standpunkt aus sehen Sie die Dünen im Vogelschutzgebiet Amrum-Odde, dem Ziel Ihrer Wattwanderung. Der Weg durch das Watt ist ca. 8 km lang. Sie gehen fast ausschließlich auf sandigem Meeresgrund. Die durch das Wasser hervorgerufenen Waschbrettriffel sind eine gute Massage für Ihre Füße – gehen Sie deshalb möglichst barfuß!

Literaturtipp: „Wandern im Watt" REISE KNOW-HOW Verlag, Reihe Praxis

Hin und wieder müssen kleine, seichte Priele durchwatet werden, und nur etwa 20 Minuten vor Amrum ist ein tieferer Priel zu durchwaten. Dieser wird das ‚Mittelloch' genannt und trennt das Föhrer vom Amrumer Watt. Schiffe mit geringem Tiefgang können bei Hochwasser das Mittelloch als Fahrwasser benutzen. Der Tidenhub (Unterschied zwischen Hoch- und Niedrigwasser) beträgt hier etwa 2,50 Meter. Auf der Insel Amrum angekommen, darf das Vogelschutzgebiet Amrum-Odde nicht betreten werden. Auf einem kleinen Park-/ Rastplatz endet die geführte Wattwanderung.

Sie können auf direktem Weg nach Norddorf laufen oder die Dünen überqueren, die hier nur eine Breite von 300 Metern haben, und so den Kniepsand erreichen. Am Strand entlang kommen Sie ebenfalls nach Norddorf, vorbei am Strandrestaurant und am Schwimmbad. (...) Von der Bushaltestelle der W.D.R. (Nähe Kurverwaltung) fahren die Busse über Nebel und Süddorf zum Fähranleger nach Wittdün, wo Sie die Schiffe zurück nach Wyk auf Föhr oder Dagebüll erreichen."

Zu beachten ist, dass die letzte Fähre Wittdün um 17.30 Uhr verlässt. Empfohlen wird leichte Badekleidung und ein Rucksack oder eine Tasche zur Aufnahme der Landklamotten und Schuhe. Letztlich wird auch dringend darauf hingewiesen, dass man diese Tour nicht auf eigene Faust unternehmen, sondern sich dem W.D.R.-Wattführer anvertrauen sollte. Gerade auf dieser Route sind schon viele Unfälle passiert – man muss ja nicht unbedingt einen weiteren hinzufügen.

- **Info:** W.D.R., Tel. 01805-080140.
- **Preise:** Erwachsene € 17,00, Kinder 4-11 J. € 8,50. Diese Preise beinhalten die Rückkehr mit der Fähre.

Gastronomie

Gaststätten aller Art gibt es auf Föhr in rauen Mengen, und ihre Betreiber sind mit dem Geschäft auch wohl ganz zufrieden, denn man erachtete es für unnötig, dem Autor vor Ort ein paar Informationen zum Thema zu liefern – vielleicht auch aus der (völlig unberechtigten) Sorge heraus, ihm einen ausgeben zu müssen. Wenn die eine oder andere Futterkrippe in diesem Band fehlen sollte, so ist das kein Racheakt des Autors. In der insularen Gastronomie finden dauernd Veränderungen statt,

Gefährliche Watten

Früher, als es noch keine Fähren gab, wurde der Wattenweg zwischen Föhr und Amrum natürlich viel intensiver als heute benutzt; sogar zur Postbeförderung diente er. Und da man auf keinen „staatl. gepr." Führer zurückgreifen konnte und auch keinerlei technische Hilfsmittel besaß, musste man allein mit den Widrigkeiten der Watten fertig werden. Deshalb kam es des Öfteren zu kleinen Tragödien.

Drei Föhrer waren am 5. Februar 1834 nach Amrum geritten und machten sich um 16 Uhr dieses Tages auf den Heimweg. Es dunkelte stark und war neblig geworden, so dass sie die Wegzeichen verloren. Alsbald fanden sie sich ringsum von Wasser umgeben, nur eine Sandbank stak noch etwas heraus. Auf diese retteten sie sich, während die Flut immer höher kletterte. Als das eiskalte Wasser schon die Rücken der Pferde bedeckte, schlossen sie eng zusammen, um sich gegenseitig zu halten. Ein Pferd stürzte und riss seinen Reiter mit sich fort. Den anderen beiden gelang es nach vier weiteren Stunden, bei einsetzender Ebbe den Weg wieder zu finden und Föhr zu erreichen.

Ein Föhrer Händler, der den Weg schon Hunderte Male gemacht hatte und mit ihm absolut vertraut war, geriet im Spätherbst in schwere Regen- und Hagelböen, als er mit einem Passagier in einem Gespann

061ha-foe Foto: rh

nach Amrum fahren wollte. Die Flut stieg weitaus schneller als erwartet, und die Situation wurde brenzlich. Doch der Fuhrmann behielt seine Kaltblütigkeit. Er spannte das Pferd aus, setzte sich mit seinem Passagier darauf und überließ es dem Ross, seinen Weg zu finden. Das wackere Tier durchschwamm mit seinen Reitern mehrere Priele und erreichte sicher das Land – gerettet! Der Wagen wurde später umgestürzt in den Watten gefunden. Ein ganz ähnlicher Unfall ereignete sich am 31. August 1890, als fünf Amrumer mit einem Fuhrwerk am sogenannten Klaff-Lua-Priel in Gefahr gerieten. Dank Hilfe von der Insel kamen die Ausflügler mit dem Schrecken davon.

Nicht so glimpflich ging die Sache für Elena Brodersen aus, die im März 1863 übers Watt nach Föhr ging, um dort ausgerechnet eine Scheidungsklage gegen ihren Mann einzureichen. Der Amtsakt erübrigte sich, als ihre Leiche am Föhrer Ufer gefunden wurde. „Zwei Fräuleins" fielen im Juli 1912 ebenfalls dem Wattenmeer zum Opfer. Auf dem Weg von Wyk nach Amrum verfehlten sie den Weg und ertranken im Oddetief nahe der Nordspitze. Heute hätten die Mannschaften der DGzRS-Rettungskreuzer einiges zu diesem Thema zu erzählen – doch sie schweigen lieber über die Einsätze, die eh zu ihrem alltäglichen Job gehören.

Die Halligen liegen Föhr genau vis-à-vis

mit denen selbst häufige Aktualisierungen nicht Schritt halten können. Zugrunde gelegt wurden die jeweils aktuellen Angaben der Inselverwaltungen.

In den Wintermonaten machen viele Betriebe dicht und die Gastronomen erholen sich dann angenehm kurtaxfrei unter südlicher Sonne. Dennoch bleiben für hungrige Mägen immer noch genügend Klausen geöffnet. Die veränderten Winteröffnungszeiten werden dann in Aushängen bekannt gegeben.

In abgelegenen Örtchen wie zum Beispiel Dunsum kann es dann (und nicht nur dann) etwas eng werden. Mitunter muss man halt in den nächsten Ort fahren und/oder sich selbst versorgen. Auf die erste Gastwirtschaft stößt man übrigens bereits, bevor man Föhr überhaupt erreicht. Die W.D.R.-Fähren haben vorzügliche Restaurants an Bord, und für den ersten Hunger ist dort schon mal gesorgt.

In Wyk

Bistros und Cafés

- **Am Flugplatz,** Beim Tower, Tel. 8484.

Während der Flugbetrieb brummt, kann man sich hier angenehm stärken. Das Café-Restaurant hat bei den Fliegern (und nicht nur bei denen) weit über Föhr hinaus einen guten Ruf. Im Winter Di-Do Ruhetag.

- **Nr. 1,** Sandwall 1, Tel. 746350.

Hier an der Ecke Sandwall kann man gemütlich spätstücken und sich bis zur Dämmerschoppenstunde an Suppen, Bockwurst, Sandwiches und Salaten delektieren. So-Mi ab 11, sonst ab 10 Uhr geöffnet.

- **Café Milchbar,** Sandwall 42, Tel. 8250.

Alles Mögliche auf Milchbasis, aber auch Deftiges wie Labskaus, Krabbenbrot mit Ei und Föhrer Landschinken gibt es hier. Im Sommer bis 23, im Winter bis 19 Uhr und Do Ruhetag.

- **Die Insel,** Sandwall 18, Tel. 957.

Der ideale Platz, um den Flanierbetrieb auf Wyks schönster Meile zu beobachten! Außerdem gibt's Selbstgebackenes, Eisspezialitäten und kühle Getränke. Im Sommer bis 23, im Winter bis 19 Uhr. Im Winter Mi Ruhetag.

- **Italienisches Eiscafé,** Sandwall 40, Tel. 1202.

Café-Restaurant. Kaffee, Kuchen und auch Solideres gibt es hier, und das mit Blick auf Strand und Meer. Im Winter Mo Ruhetag.

- **Jörg's Fischspezialitäten,** Große Str. 2, Tel. 2020.
Jede Menge Fischiges, mit Sachverstand und Liebe zubereitet. Im Winter So Ruhetag.
- **Klein-Helgoland,** Am Jachthafen, Tel. 3847.
Die „Yachties" geben sich hier ein Stelldichein und haben manches Seemannsgarn zu vertellen. Aber auch jedermann sonst ist willkommen. Di Ruhetag, doch Weihnachten und Silvester geöffnet.
- **Pizzeria Franco,** Königstr. 5, Tel. 3999.
Im Strand Hotel. Café, Restaurant, Pizzeria – alles in einem, und sogar eine Bundeskegelbahn gibt es.
- **Prinzenhof,** Gmelinstr. 29, Tel. 766.
Angeschlossen sind ein Restaurant und das Pfannkuchen-Haus mit einer Riesenauswahl von Flachmännern. Außerdem Suppen nach Art des Hauses, frisch zubereitete Salate und diverses Selbstgebackenes. Dazu inseltypische Kaffee- und Teespezialitäten. Auch Lieferservice.
- **Steigleder,** Sandwall 28, Tel. 4411.
Café-Conditorei, mitten auf der Meile, fast schon etwas kultig.
- **Südstrand,** Badestr. 111, Tel. 1214.
Hier gibt's alles, was man vor und nach dem Baden so kulinarisch braucht, beginnend mit den friesischen Butterwaffeln und endend mit dem Sunset-Dinner, und das alles sogar mit Nordseeblick. In der Nebensaison Di Ruhetag.

Imbisse

Im Sommer springt immer eine ganze Anzahl von „Snack-Bars" dort ins Leben, wo sich viel Volk zusammendrängt, und verschwindet im Winter wieder. Im nächsten Jahr treten die Buden dann vielleicht mit neuen Besitzern unter anderem Namen in Erscheinung. Vorbeilaufen kann man an ihnen nicht, schon wegen der Wohlgerüche, die sie verbreiten.

Gaststätten und Kneipen

- **Billard-Café,** Koogskuhl 6, Tel. 4143.
Hier kann man eine ruhige Kugel schieben, während im gleichen Haus die Disco (s. u.) dröhnt. Billard, Darts, Snooker – alles da, und zwar von 20 bis 1 Uhr. Mo (im Winter auch So) Ruhetag.
- **Die Pinte,** Sandwall 12, Tel. 4230.
Klingt schlicht, ist aber recht edel – der Chef bindet sich sogar eine Krawatte um. Die Gäste müssen's nicht, sondern können sich bei Kerzenschein und gepflegten Getränken entstressen.

Wyk, Gastronomie und Unterkunft
1 Klein-Helgoland
2 Billard-Café
3 Alt Boldixum
4 Klatt's Gute Stuben
5 Glaube-Liebe-Hoffnung
6 Möwe, Alt Wyk
7 Franco, La Colomba
8 Kick in
9 Fering Hüs
10 Duus-Hotel mit Austernfischer
11 Jörg's Fischspezialitäten
12 Die Pinte, Bi de Pump
13 Die Insel
14 Die 13
15 Pizzeria Rustica
16 Friesenstube
17 Steigleder
18 Nr. 1, Atlantis
19 Kurhaus-Hotel, Ital. Eiscafé
20 Café Milchbar
21 Gode Wind
22 Zum glücklichen Matthias
23 Leonardo da Vinci, La Dolce Vita
24 Akropolis
25 Café Südstrand
26 Haus Jensen
27 Peking-Ente
28 Prinzenhof
29 Am Flugplatz
30 Störtebeker
30
But Dorp
Holm
Dörpstraat
Ocke-Nerong-Straße
Karkstieg
Kirchweg
St.- Nicolai-Kirche
Nieblumstieg
Fernmeldeturm
Strandstraße
Rugstieg
Kortdeelsweg
Roggenweg
Haferweg
Am Maisfeld
Berliner Ring
Hamburger
Fehrstieg
Linge
Haidweg
Tonderner Weg
Birkenweg
Lindenweg
Meisenweg
Schwalbenweg
Susanne-Fischer-Weg
Am Grünstreifen
Lerchenweg
Jugendherberge
Möwenweg
Strandstraße
Am Golfplatz
Gmelinstraße
28
Farnweg
29
Am Flugplatz
Ginsterweg

Sportboothafen
1
Polizei
Fähranleger
Pier
Kohlharder Weg
Hemkweg
Koogskuhl
Steensiel
Marschweg
Töft
Schifferstr.
2
Polizei
Reederei
Gepäckabfertigung
Ausflugsfahrten
Boldixumer Straße
3
Hafenstr.
5
6
7
8
9
10
11
Große Straße
4
12
C.-Häberlin-Str.
Rebbelstieg
Flurstraße
Gartenstraße
St. Nicolai-Straße
15
14
13
Mittelstr.
16
Rungholtstraße
Süderstr.
Kirche
18
17
Mittelbrücke
Post
Badestraße
Johannesstr.
19
Sandwall
20
Feldstraße
21
22
Helgoländer Straße
Rugstieg
Museumstr.
Friesen-Museum
Seglerbrücke
Friedrichstraße
Mühlenstraße
23
Ring
Berliner Ring
Starklef
Friesenweg
Halligweg
Krankenhaus
Rebbelstieg
Starkief
Amselweg
Lüttmarsch
Wiesenweg
Kurmittelhaus
Wellenbad
Am Grünstreifen
24
Olhörnstieg
Minigolf
Ohlhörnweg
Fasanenweg
Schmalstieg
Hasenkamp
Freyastraße
Badestraße
Parkstraße
Stockmannsweg
27
Seeweg
26
25
Gmelinstraße
Kurverwaltung Südstrand
Musikpavillon
Strandkörbe
0
300 m
99 Strandabschnitt

- **Glaube-Liebe-Hoffnung,** Hafenstr. 28, Tel. 580440.
Lyrische Hafen- und Seefahrerkneipe mit täglich wechselnder „Atmosphäre". Im Sommer Biergarten.
- **Möwe,** Große Str. 14, Tel. 2252.
Abendlokal. Beliebt und gut frequentiert. Auch Weihnachten/Silvester geöffnet.
- **Zum glücklichen Matthias,** Feldstr. 2, Tel. 501822
Abendlokal, benannt nach einem ollen Walfänger (1632-1706, Grabstein in Süderende), der 373 mal Beuteglück hatte. Gepflegte Getränke und kleine Gaumenfreuden (kein Wal). So Ruhetag (außer Juli/August).

Restaurants

- **Akropolis,** Badestr. 90, Tel. 8454.
Griechisches Restaurant. Gewaltige Portionen zu humanen Preisen.
- **Alt Wyk,** Große Str. 4, Tel. 3212.
Fast ein Gourmettempel, mit täglich wechselnden Spezialitäten ausnahmslos insularer Herkunft. Exzellente Auswahl von Weinen aus fast allen Anbaugebieten der Welt. Für den sehr hohen Standard ein sehr gutes Preis-Leistungsverhältnis. Di im Sommer Ruhetag, So-Di im Winter.
- **Alt Boldixum,** Boldixumer Str. 2, Tel. 2702.
Fisch- und Fleischspezialitäten in der gemütlichen Atmosphäre eines Traditionshauses. Di Ruhetag.
- **Austernfischer** (im Duus-Hotel), Hafenstraße 40, Tel. 59810.
Variationen vom berühmten Föhrer Deichlamm, vegetarische Gerichte und Wechselvolles auf der Speisekarte zeichnen den Austernfischer aus. Do (außer Fei) Ruhetag.
- **Bi de Pump,** Carl-Häberlin-Str. 3, Tel. 8999.
Gutbürgerliches in netter Atmosphäre. Im Winter zeitweilig geschlossen. Sa Ruhetag.
- **Die 13,** Carl-Häberlin-Str. 13, Tel. 1613.
Café-Restaurant. Altes Haus (1889) mit beliebter Küche. Fleisch- und Fischgerichte, Pfannkuchen und Waffeln sind im Hauptprogramm. Im Winter Di Ruhetag.
- **Friesenstube,** Süderstr. 8, Tel. 2404.
Fischrestaurant, es gibt aber auch einige Fleischgerichte. Nichtraucherzimmer. Spezialität u. a. mit Krabben gefüllte Scholle. Eigenes Fischgeschäft mit täglich wechselnden Tellergerichten (Fisch). Restaurant und Geschäft, Mo Ruhetag.
- **Godewind,** Feldstr. 12, Tel. 5552.
Fleisch-, Wild- und Fischspezialitäten in freundlichem Ambiente und bis 23 Uhr. Im Winter Do geschlossen.
- **Klatt's Gute Stuben,** Mühlenstr. 4, Tel. 652.
Wie der Name sagt, gute Stuben und gutes Essen. Spezialität ist die umfangreiche Fischkarte. Alles, was auf den Teller kommt, ist garantiert frisch aus dem Meer, Mi Ruhetag.

Eigener Fischstand auf dem Parkplatz beim Inselkaufhaus „Edeka" in der Boldixumer Straße.

- **La Colomba,** Königstr. 5, Tel. 3999.
Italiener, zusammen mit Pizzeria Franco (s. o.).
- **Leonardo da Vinci,** Sandwall 54, Tel. 747662.
Zusammen mit der Spaghetteria **La Dolce Vita** wird hier jede Menge Italo-Food im Doppelpack ausgestoßen.
- **Peking-Ente,** Waldstr. 5, Tel. 4660.
Föhrs Chinese. Wie bei allen deutschen Chinesen gibt es hier Gutes zu zivilen Preisen. Kein Ruhetag, versteht sich.
- **Pizzeria Rustica,** Badestr. 18, Tel. 2099.
Etwas unpersönliches Ambiente, aber hervorragende Gerichte, immer frisch zubereitet. Mo Ruhetag.
- **Störtebeker,** Reidschott 2 (Boldixum), Tel. 8901.
Vegetarische Spezialitäten, Vollkorngerichte und -pizzen, Fisch, Deichlamm, Salate, biologische Weine – lauter gesunder Stoff. Deshalb gibt es natürlich auch einen besonderen Nichtrauchergastraum. Mo Ruhetag.

In den Friesendörfern

Alkersum (Vorwahl: 04681)

- **Grethjens Gasthof,** Hauptstr. 1, Tel. 7410510.
Restaurant und Café.

Borgsum (Vorwahl: 04683)

- **Hacki's Pizzablitz,** Taarepswoi 16, Tel. 963963.
Dies war vormals „Ella's Schlemmerparadies". Jetzt kann man hier Pizzen schlemmen. Kegeln auch.
- **Landpartie,** Taarepswoi 20, Tel. 530.
Restaurant und Café.
- **Letj Lembeck,** Malnstich 5, Tel. 369.
Restaurant. Friesisches und wechselnde Speisen. Im Winter Mi (außer in der Ferienzeit) Ruhetag.

Dunsum (Vorwahl: 04683)

- **Zum Wattenläufer,** Am Deich, Tel. 735.
Café und Kiosk. „Letzte Raststätte vor Amrum"! Hier gehen die Wattwanderer nach Amrum auf Tour und können sich noch einmal stärken. Großer Parkplatz gegenüber.

Midlum (Vorwahl: 04681)

- **Alte Schule,** Dörpstraat 28, Tel. 8431.
- **Grill- und Imbiss-Stube,** Dörpstraat 57, Tel. 3749.
Der Eigenbenennung ist nichts hinzuzufügen. Hier kann man sich schnell und gut eindecken. Im Winter Mi Ruhetag.

• **Midlumer Krog,** Dörpstraat 50, Tel. 2764.
Gaststätte. Hausmannskost wird hier ganz groß geschrieben, und weil dabei auf ländliche Rezepturen zurückgegriffen wird, darf man mit guten Sachen rechnen. Außer Mo, dann ist Ruhetag.

Nieblum (Vorwahl: 04681)

• **Altes Landhaus,** Bi de Süd 22, Tel. 2572.
Restaurant-Café. Abseits vom Straßenlärm gelegen. Leichte Kost mit viel Fisch sowie Salaten und Gemüse aus insularem Anbau.
• **Alt Nieblum,** Bi de Süd 38, Tel. 748974.
Steak- und Fischhaus.
• **Am Wattenmeer,** Am Strand, Tel. 2914.
Restaurant-Café mit Blick übers Watt.
• **Café Cappucino,** J.J.-Eschel-Str. 20, Tel. 5599.
• **Café Nieblum,** Bi de Süd, Tel. 7471940.
Selbstgebackenes u. kleine Gerichte. Winter Di Ruhetag.
• **Café Osterheide,** Heideweg 18, Tel. 2895.
• **Café Wildfang,** Uasteranjstich 4, Tel. 741266.
• **Kliff-Café,** Klafwai (Goting), Tel. 3660.
Kuchen aus eigener Herstellung, Eisspezialitäten. Hauseigene Minigolf-Anlage.
• **Kohstall,** J.J.-Eschel-Str. 12, Tel. 570358.
Früher war's tatsächlich mal ein Kuhstall, jetzt ist es ein lauschiges Café. In der Nebensaison Mo Ruhetag.
• **La Gondola,** J.J.-Eschel-Str., Tel. 1066.
Nieblums Italiener mit jeder Menge Pizzen. In der Nebensaison Mi Ruhetag.
• **Landhotel Witt,** Alkersumstieg 4, Tel. 58770.
Unter den vier Sternen des Witt darf man mit feiner Küche rechnen; sie zählt in der Tat (mitsamt ihrem Weinkeller) zu den besten Schleswig-Holsteins. Beliebt ist auch das reichhaltige und anspruchsvolle Frühstücksbuffet des Hauses. Bistro und Vinothek anbei.
• **Lohdeel,** Heidweg 2, Tel. 580061.
Restaurant. Unter Reet oder auf rosenumrankter Terrasse kann man sich an saisonalen Gerichten laben; wohlbekannt ist auch die umfangreiche Fischkarte. Und alles zivil bepreist. Mo (außer Juni-Aug.) Ruhetag.
• **Teestube & Café,** Poststraat 7, Tel. 580143.
Dem, was es dort gibt, ist nichts hinzuzufügen.
• **Ole Baakstuv,** Kpt. Paulsen-Weg 1, Tel. 7412868.
Nicht nur „Backstube", sondern auch feines Restaurant.
• **Webstube,** Rundföhrstraße (Goting), Tel. 688.
Restaurant. Schon der Name verbürgt für ein kuscheliges Ambiente. Und außerdem werden gute Föhrer Sachen gekocht. Im Winter Mi Ruhetag.
• **Zum Schlachter,** Kertelheinallee 1, Tel. 580208.
Restaurant. Fleischgerichte, natürlich, und zwar große und leckere Portionen. Auch Gartenterrasse. Do Ruhetag.

Oevenum (Vorwahl: 04681)

- **AStuermann,** Kertelheinallee 12, Tel. 747679.
Bistro und Biergarten.
- **Kröger's Dörpskroog,** Dörpstrat 24, Tel. 2103.
Teil des gleichnamigen Hotels. Fleisch und Fisch vom Besten, große Speisekarte. Do Ruhetag.
- **Landhaus Laura,** Buurnstrat 49, Tel. 59790.
Café-Restaurant. Frühstück ab 8.30 Uhr, nachmittags dann Café-Betrieb. Di Ruhetag.

Oldsum (Vorwahl: 04683)

- **Café im Apfelgarten,** Haus Nr. 86, Tel. 898.
Hier kann man in der Tat unter Apfelbäumen Kaffee und Kuchen (Apfel natürlich) genießen. Außerdem prima Kartoffelsuppe.
- **Stellys Hüüs,** Haus Nr. 38, Tel. 306.
Nicht nur raffinierte Teekreationen („Oldsumer frische Briese"), sondern auch zivil bepreiste Kuchengaben. Täglich von 11.30 bis 18 Uhr.
- **Ual Fering Wiartshüs,** Haus Nr. 141, Tel. 465.
„Altes Föhrer Wirtshaus" heißt das auf deutsch, und alt ist es in der Tat: Es besteht seit 1793. Fisch und Fleisch auf Föhrer Art sind die Spezialitäten des Hauses und zum Nachmittagskaffee gibt's den „Friesischen Riesenwindbeutel". Di Ruhetag.

Süderende (Vorwahl: 04683)

- **Die Scheune,** Haus Nr. 60, Tel. 962567.
Restaurant. Gutes und Bürgerliches in vornehmem Ambiente. Mo (außer Fei im Sommer) Ruhetag.
- **Uun't Waanjhüs,** Kirchweg 3, Tel. 1079.
Café, direkt neben der St. Laurentii-Kirche. Kuchen („Friesentorte") aus eigener Herstellung, kleine Gerichte, kalte und warme Getränke. Im Winter ist das Café zeitweise geschlossen.

Utersum (Vorwahl: 04683)

- **Café im Haus des Gastes,** Klaf 2, Tel. 432.
Restaurant-Café. Hier gibt es alles für den großen und kleinen Hunger.
- **Gasthaus Knudsen,** Boowen Taarep 15, Tel. 308.
Gepflegte Gastronomie in einem schönen alten Haus. Do Ruhetag.
- **Enzo's Pesel,** Ban Taarep 1, Tel. 963883.
Café-Eisdiele und Restaurant.
- **Stal Huk,** Lung Jaat 1, Tel. 1374.
Restaurant.
- **Ual Spieskoomer,** Lung Jaat 13, Tel. 9636188.
Café-Bistro.
- **Ual Skinne,** Boowen Taarep 11, Tel. 1398.
Café. Die „alte Scheune" bietet eine gemütliche Atmosphäre. Mi Ruhetag.

- **Zur Post,** Jaardenhuug 2, Tel. 963330.
Hotel-Restaurant. Fisch- und Fleischgerichte. Mal das „Muschelfleisch nach Art des Hauses“ probieren! Mi ist Ruhetag.

Witsum (Vorwahl: 04683)

- **Klaar Kimming,** Traumstr. 10, Tel. 387.
Café-Restaurant. Spezialitäten von Fisch (hauptsächlich) und Fleisch, umfangreiche Mittags- und Abendkarte. Di (außer im August) Ruhetag.

Wrixum (Vorwahl: 04681)

- **Ari's,** Hardesweg 66, Tel. 2410.
Wrixums Grieche. Feine Sachen aus dem mediterranen Raum.
- **Die Mühle,** Hardesweg 54, Tel. 8717.
Rustikales Abendlokal in der Wrixumer Mühle. Fisch- und Fleischspezialitäten.
- **Wrixumer Hof,** Hardesweg 43, Tel. 2857.
Gemütliche Kneipe. Kleinigkeiten wie Bockwürstchen. Mo (nicht im Sommer) Ruhetag.

Gepäckdienst

In Wyk kann man sich für den Transport von Gepäck an die folgenden Stellen wenden:

- **Borgert,** Tel. 2688 (nur Gruppen)
- **Föhr-Amrumer Reisebüro (für DB),** Tel. 3129

Hunde

Auf Föhr hat man gegen Hunde prinzipiell nichts einzuwenden. Man studiere die Gastgeberliste jedoch daraufhin, ob der Wauwi in der gewählten Herberge willkommen ist und frage vorsichtshalber noch einmal nach. Nicht alle Wirte sind insofern aufnahmebereit.

Hier dürfen Wauwis nicht an den Strand

Insel-Info A–Z

023ha-foe Foto: rh

Literaturtipp: „Verreisen mit Hund" REISE KNOW-HOW Verlag, Reihe Praxis

Ansonsten gilt, dass Hunde auf der Promenade und überall in der offenen Natur mit Einschluss des Watts an der **Leine** zu führen sind. Leider wird, ganz besonders im Watt, diese Vorschrift nur selten eingehalten, mit der Folge, dass Seevögel vielfach ganz massiv gestört werden.

Spezielle **Hundestrandabschnitte** gibt es in Wyk, und zwar in den Sektoren 37 (in der Nähe des Flugplatzes) und 18 (bei der Leuchtbake Olhörn), in Nieblum und in Utersum (siehe Karten). Auf allen übrigen Strandsektoren sind Hunde nicht erlaubt. Hundehalter werden zudem ersucht, die Hinterlassenschaften ihrer Schutzbefohlenen von öffentlichen Gehwegen zu entfernen.

Internet

- **Surf'n mail,** Große Str. 23, Wyk, tgl. 9-22 Uhr (funktioniert mit Münzautomat), www.surf-n-mail.com.
- **Aquaföhr/öffentl. Bücherei,** Mittelstr. 33, Wyk, Mo, Di, Do, Fr 10-12.30 und 14.30-18 Uhr, Sa 10-12.30 Uhr.

Jugendzentrum

Heymannsweg 1, Wyk, Tel. 5553 (Öffnungszeiten im Aushang). Hier gibt es diverse Spiele, und man kann zusammensitzen und klönen. Teenie-Treff („Gäste treffen Einheimische") Di und Do 15-18 Uhr. Werk-AG Mo und Fr 17-19 Uhr. Videoabend/Koch-AG Do 18.30-20.30 Uhr.

Kinder

Man darf Föhr als kinderfreundliche Insel bezeichnen, schon wegen der großen Sandkiste. Allerdings wird nicht viel Aufheben um die Kleinen gemacht; sie gehören dazu, und das ist eigentlich ganz selbstverständlich. Es gibt zahlreiche **Spielplätze,** und im Umwelt- und Veranstaltungszentrum am Sandwall findet man Räumlichkeiten, wo man die Zwerge beschäftigen und die ganz Kleinen auch wickeln kann.

Von April bis Oktober können sich Kurgäste auf kostenlose **Kinderbetreuung** freuen; Info hierzu erhält man unter Tel. 50349. Babysitter-Auskunft (der Dienst kann auf der ganzen Insel abgerufen werden) gibt es zudem bei den einzelnen Kurverwaltungen (s. o.), weitere Adressen:

- **Creativ Werkstatt,** Große Str. 22, Wyk, Tel. 748030
- **Kinderclub am Meer im Aquaföhr,** Stockmannsweg 1, Wyk, Tel. (Gästeservice) 300

024ha-foe Foto: rh

Kuren für Kinder können in Anspruch genommen werden im Nordseesanatorium Marienhof (Tel. 400; ab 3 Jahre mit Eltern); im Hamburger Kinderkurheim (Tel. 5002-0) und im AOK-Kinderkurheim (Tel. 74700), alles auf Kosten der Versicherung.

Kirchen

Siehe auch Kirchen und Kirchhöfe unter „Sehenswertes“.

- **Ev.-luth. Kirche St. Nicolai,** Ocke-Nerong-Str. 27, Wyk-Boldixum, Tel. 4464. Kirchen- und Orgelführungen (von Pfingstmontag bis September): Mo 17 Uhr (mit Orgelkonzert).
- **Ev. Kirche St. Johannis,** Wohldsweg 3, Nieblum. Kirchenführungen Info Tel. 4461.
- **Ev. Kirche St. Laurentii,** Haus Nr. 1, Süderende. 1.6.-15.9. Kirchenführungen Di 17.30 Uhr. Info: Tel. 04683-350.
- **Kath. St.-Marien-Kirche Wyk,** Rebbelstieg/Ecke Helgoländer Straße, Tel. 5573.

Friesischer Barock: Kirche in Süderende

- **Neuapostolische Kirche Wyk,** Süderstr. 31a, Tel. 8270.
- **Adventgemeinde Wyk,** Süderstr. 17, Tel. 3607.
- **Zeugen Jehovas,** Tel. 1365.
- **Urlauberseelsorge und „Freizeithilfe":** Die Einrichtung der Nordelbischen Kirche befindet sich im Umwelt- und Veranstaltungszentrum in Wyk (Sandwall 38, Tel. 50349). Außerdem gibt es zahlreiche Selbsthilfegruppen, über die der Veranstaltungskalender detaillierte Auskunft liefert.

Märkte

Die aufgeführten Märkte finden im Sommer statt.

- **Wyker Fischmarkt:** Am alten Hafen, So 10-15 Uhr, Apr.-Okt.
- **Föhrer Bauernmarkt:** Rathausplatz, Mi u. Sa 9-12 Uhr, Mai-Okt.
- **Oevenumer Dorfmarkt:** Do 10-12.30 Uhr, Mai-Okt.
- **Oevenumer Handwerkermarkt:** Ende Mai bis Ende August, jeden zweiten Sa 10-15 Uhr.

Presse

Alle gängigen Zeitungen und Zeitschriften von Bild bis Spiegel sind in den gut bestückten Buchläden und Kiosken der Insel (namentlich in Wyk) vertreten. Speziell für Föhr gibt es zudem die folgenden Publikationen:

- **Der Insel-Bote** – Tageszeitung.
- **Föhr – grüne Insel, weißer Strand** – Monatlicher Veranstaltungskalender, in dem minutiös aufgelistet wird, was auf Föhr alles so läuft. Gratis.
- **Inselmagazin** – Föhr-Themen, halbjährlich.
- Außerdem zahlreiche informative Broschüren zu Themen wie Kuren, Pauschalangebote, Umwelt, usw.

Sport

Allgemeines

Man kann Föhr fast eine „Sportinsel" nennen, so viel organisierte Bewegung gibt es dort. Allerdings handelt es sich samt und sonders um herkömmliche, d. h., nicht schrille oder trendige Sportarten, was man schon daran erkennt, dass sie (zumeist) deutsch benannt sind. Frisch, fromm, fröhlich, frei (= gratis) geht's zu folgenden Zeiten zu:

Sportart	Tag	Zeit	Treffpunkt	Kontakt-Tel.
Badminton	Mi Do	18-20 18-22	Schulzentrum Rebbelstieg	2377
Basketball	Mo	15-17	Schulzentrum Rebbelsteig	2377
Gehen	Di/Do	18.15	KV Südstrand	3454
Gymnastik:				
- Damen	Mo	20.30	Schulzentrum Rebbelstieg	570181
- SeniorInnen	Mi	19.00	Schulzentrum Rebbelstieg	59750
Koronarsport	Di	19-20	Schule Süderstr.	2377
Lauftreff	Di/Do	19.00	Kurmittelhaus	3131
Schach	Di	19.30	Helu-Sport-heim	580580
Schießen	Di/Fr (6-9)	18-21	Schützenhof	5101
Schwimmen:				
- Jugendl.	Do	18-19	aquaföhr	500715
- Erwachs.	Do	19-20	aquaföhr	500715
Sportabz.	Mo/Mi (Sommer)	18.00	Schulzentrum Rebbelstieg	2813
Trampolin	Do	14-15.30	Schulzentrum Rebbelstieg	2377
Volleyball (Erwachs.)	Mo	20-22	Schulzentrum Rebbelstieg	580177

Im Schulzentrum Rebbelstieg stehen den Gästen weiterhin gratis zur Verfügung: Beach-Volleyball- und Street-Basketballanlagen, Fußball-Bolzplatz, Halfpipe für Skateboarders (auch Instruktion), Kletterwand.

Angeln

Mit gültigem Bundesfischereischein ist das Angeln **in der Nordsee** – auch Brandungsangeln bei entsprechendem Wetter auf der Deichseite –, jedoch nicht im Hafen und an den Badestränden erlaubt. Ausnahmegenehmigungen sind bei den Ordnungsämtern in Wyk und Midlum erhältlich. Eine Angelerlaubnis für die drei **Utersumer Gemeindeteiche** ist bei der Kurverwaltung Utersum zu haben.

Burgenbau Der „Sport" des Bauens von Krümelkastellen ist an den Badestränden überall dort **untersagt,** wo mittels entsprechender Beschilderung darauf hingewiesen wird. Dies gilt zum Beispiel für den Strand von Utersum, der stark sturmflutexponiert ist und unter hohen Kosten wiederholt aufgespült werden musste. Die dortige Verwaltung führt aus, dass jede Veränderung der Oberfläche für Seegang und Wind Angriffsflächen bietet und somit Landverlust nach sich zieht. Nach dem Fiasko im Dezember 1999, verursacht durch den Orkan „Anatol", ist man insofern ganz besonders empfindlich.

Im Tidenbereich wird allerdings überall kräftig burggebaut und niemand stört sich offenbar daran; die nächste Flut löscht die Kunstwerke wieder aus. Aber man könnte ja vielleicht einmal versuchen, einen Urlaub zu verbringen, ohne dem (so die Seelendoktoren) „psychopathologischen Syndrom" zu verfallen, unbedingt etwas bauen zu müssen ...

Drachensteigen Drachen sind auf Föhr **nicht gern gesehen.** Sie vergraulen die Vogelwelt und knallen Badegästen mitunter an den Kopf.

Sie sind in Wyk in der HS (15.4.-30.9.) und in Utersum ganzjährig **verboten.** Am Südstrand von Wyk am Ende der Straße „Eulenkamp" (zwischen Strandzone 19 und 20) gibt es einen speziell ausgeschilderten Abschnitt für Drachenfreaks.

Fußball Im Sommer vor dem Haus des Gastes in **Utersum** Mo 16.30 und Di 19.30 Uhr. Vom 1.7. bis 31.8. in **Nieblum** auf dem Sportplatz Heidweg, Do ab 18 Uhr für Kinder und ab 19.30 Uhr für Gäste und Einheimische. Fußballschule: Tel. 040-7024099.

026ha-foe Foto: rh

Golf

18-Loch-Platz des **Golfclubs Föhr in Greveling** (Ortsrand von Nieblum, nahe des Wyker Flugplatzes), Tel. 580455. Der Platz gilt als eine der schönsten Anlagen Norddeutschlands. Mitglieder anerkannter Golfclubs sind willkommen, müssen aber vor Erteilung der Spielerlaubnis die Vorgabebestätigung des Heimatclubs vorlegen. Gäste mit Platzreife-Bestätigung eines dem DGV angehörenden Heimatclubs können in der Saison nur mit einem Spieler der Vorgabenklasse 1-4 (0-28) und nur zu eingeschränkten Zeiten spielen. Einzelspieler haben in der Saison keine Spielberechtigung.

Minigolf

- **Wyk:** Stockmannsweg (hinter dem Wellenbad).
- **Goting:** Beim Kliff-Café.

Für Golfer ist Föhr ein kleines Paradies

Reiten

Der Pferdesport wird auf Föhr ganz groß geschrieben. Etwa 850 Rösser gibt es auf dem Eiland, das unter Kennern deshalb schlechthin als **„deutsche Pferdeinsel"** gilt. Vertreten ist noch das Holsteiner Warmblut, klobige Tiere, von denen man nicht herunterfallen kann, aber auch spritzige Renner, hochdekorierte Welsh- und deutsche Reitponys, wetterfeste Fjordpferde, trittsichere Huzulen, blondgelockte Haflinger und sogar eine 30-köpfige Trakehnermeute.

Das Städtchen **Alkersum** in der Inselmitte ist das Zentrum entsprechender Aktivitäten. Von dort werden Ausritte durch das Innere Föhrs, an die Strände, ins Watt und sogar bis Amrum unternommen – und lernen kann man den Sport dort natürlich auch. Kurioserweise sieht man fast nur das „schwache" Geschlecht im Sattel, wofür auch die Betreiber der Reithöfe keine Erklärung haben. Stirbt der Cowboy aus ...?

Das Glück der Erde findet man auf den folgenden Föhrer Reiterhöfen:

072ha-foe Foto: rh

- **Reitstall Christiansen,** Alkersum, Tel. 3967. Pferdepension, Ponyreiten, gemeinsame Ausritte, Unterricht, Kutschfahrten, Reiter-Shop, Kiosk.
- **Cornelius Jacobs,** Alkersum, Nieblumweg 3, Tel. 2284. Pferdepension für Gastpferde, Reithalle (20 x 40 m), Wohnmöglichkeiten für Pferdebesitzer.
- **Fädrich,** Wyk, Tel. 2712. Unterstell- und Reitmöglichkeit.
- **Lerchenhof am Südstrand,** Wyk, Lerchenweg, Tel. 4433. Island- und Shetlandponys, Pension für Reiter, Unterricht, Reitgelände, gemeinsame Ausritte.
- **Reit- und Fahrverein Föhr,** Alkersum, Tel. 3394. Reithalle, Springgarten, Unterricht, Ausritte, Bahn.
- **Rumpp-Hof,** Alkersum, Nieblumweg, Tel. 4145. Boxen für Gastpferde, „therapeutisches Reiten", Unterricht, 2 Fewos, Einwochenkurs „Kutschieren einspännig".
- **Siggi's Reitstall,** Oevenum, Tel. 4567.

Durchschnittspreise: eine Unterrichtsstunde kostet etwa 15 Euro, ein zweistündiger Ausritt 25 Euro. An Ausritten dürfen auf allen Höfen nur geübte Reiter teilnehmen.

Mehrere Male im Jahr findet auch das sogenannte **Ringreiten** statt, zu dem die Reitervereine der verschiedenen Gemeinden mit großem Trara aufmarschieren und eine aufwendige Sause veranstalten. Während der Kür als solcher müssen die Reiter im Schweinsgalopp einen kleinen Ring per Lanze durchstechen, was bestimmt nicht ganz einfach ist. Allerdings verebbt der Beifall des Publikums, Treffer oder nicht, nach dem x-ten Ritt allmählich, denn die Aktion wiederholt sich mit unerbittlichem Ennui viele, viele Male. Man muss wohl schon selber Ringreiter sein, um Begeisterung für das Tun zu empfinden – oder auch Fotograf, denn es bieten sich diverse farbige Motive.

027ha-foe Foto: rh

Schwimmen Zum Thema Badespaß in der Nordsee siehe nachfolgend: „Strände". Wenn sich der Blanke Hans jedoch kalt und abweisend gibt, bietet sich als mollige Alternative das **Meerwasser-Wellenbad aquaföhr** am Stockmannsweg (in unmittelbarer Strandnähe) an. Es gibt Innen- und Außenbecken, und in allen gluckert die tropisch erwärmte Nordsee. Draußen findet man bei 29 °C Wassertemperatur eine 70 Meter lange Rutschbahn, außerdem Bodensprudler, Sprudelliegen, Schwallduschen und einen Wildwasserkanal, also alles, was die Nordsee nicht hat. Dafür schwappen drinnen richtige Wellen, und zwar alle 30 Minuten, nur unterbrochen von Nackenduschen- und Massagedüsen-Aktivität. Für das liebe Jungvolk gibt es sogar ein spezielles Flachbecken (34 °C), einen Whirlpool, eine Rutsche, Warmwasserkanonen und Sprudler,

Manche Inseldeern hat ein eigenes Pferd

alles klein-klein und garantiert ungefährlich. Und wem das noch nicht reicht, kann in der Bio-Sauna Dampf ablassen und sich anschließend in der Saftbar wieder abkühlen.

Das **aquaföhr** ist täglich ab 9.30 Uhr (Sa/So/Fei ab 10 Uhr) geöffnet. Info: Tel. 3048.

Eintritt aquaföhr (in Euro, ohne Kurkarte doppelter Preis):

1,5 Std.	Erw.	4,30
	Kinder	2,70
3 Std.	Erw.	6,50
	Kinder	3,80
1,5 Std.	Familie (4 Pers.)	9,10
3 Std.	Familie (4 Pers.)	13,90
3 Std. Sauna u. Bad	Erw.	9,60
	Kinder	4,80

Kinder unter 2 J. haben freien Eintritt, ebenso Geburtstagskinder gegen Vorlage eines Ausweises.

Die Ringreiter kommen!

Segeln

Föhr ist bei Seglern schon wegen des guten Jachthafens sehr beliebt (siehe „Anreise"). Man kann den Sport auf der Insel aber auch lernen, und zwar bei Windsurfing Föhr (s. u.). Die insulare Spezialität ist Hobiecat-Segeln. Die Preise dafür (Euro):

Grundkurs (10 Std.)		210
Kinderkurs (ab 6 Jahre, 7 Std.)		160
Umsteigerkurs für Windsurfer (6 Std.)		150
Einweisung (1 Std.)		40
Prüfungsgebühr für VDWS-Grundschein		30
Catamaranverleih,	1 Std.	30
	4 Std.	100
	12 Std.	280

Literaturtipp: „Küstensegeln" REISE KNOW-HOW Verlag, Reihe Praxis

Billiger für Kinder-Cats. Preise für Catamaranausflüge auf Anfrage.

Strandgymnastik

In der Sommersaison wird an den **Badestränden der drei Hauptgemeinden** von Mo-Sa morgendliche Strandgymnastik unter Anleitung betrieben. Die Teilnahme ist (mit Kurkarte) kostenlos.

Tennis

- Der **Wyker Turnerbund** (Tel. 3747) hat am Rugstieg ein Tenniszentrum mit Halle und Außenplätzen, wo die Stunde im Durchschnitt € 15 kostet. Weitere Plätze liegen tariflich ungefähr gleich, ebenso die beiden „auf dem Land":
- **Nieblum:** Ein Außenplatz (Kunstrasen) befindet sich am Heidweg 17 (Tel. 3554).
- **Süderende:** Halle und Außenplätze (Tel. 04683-377).

Wandern

Auf Föhr kann man endlos wandern – oder zumindest kommt es einem so vor. **„Einmal rund herum"** ist nicht ohne Reiz, setzt aber mit 38 km schon etwas Mucki in den Beinen voraus. Außerdem muss man für die Tour einigermaßen geländegängig sein, denn auf dem Deich, über den die Route 22 km lang führt, hat man dauernd Murmeln unter den Füßen – man teilt das Terrain mit Schafen. Auf langen Strecken ist keinerlei Befestigung zu erwarten. Vielfach stapft man durch losen Sand oder man rutscht auf Schlick. Ist das nicht herrlich?

Wer diese Tour von Wyk aus unternimmt, sollte gegen den Uhrzeigersinn marschieren. Wenn einem das Gehen über wird, kann man nämlich nach Oldsum hinüberstechen und einen Bus erreichen, und ab Utersum dann sowieso. In umgekehrter Richtung hat man nach halber Tour noch den ganzen Nordosten der Insel vor sich, wo es keine Verkehrsverbindungen gibt. 38 Kilometer sind eine ganz hübsche Strecke; da kann einen schon mal die Lust zum Abbruch packen.

Aber es müssen ja nicht immer solche Gewaltmärsche sein! Man sehe sich das eng gewirkte **Netz kleiner Straßen** an, auf das schon unter „Radfahren" hingewiesen wurde, und man wird dort eine Unzahl von Wandermöglichkeiten entdecken.

Schön sind auch **Touren entlang der Strände.** Wer einmal von Wyk nach Nieblum oder gar nach Utersum trabt, hat ständig Sand unter den Sohlen. Und dann per Bus zurück – eine (relativ) leichte Übung.

029ha-foe Foto: rh

Auch mal ins Inselinnere abschweifen. Zwischen Witsum und Utersum gerät man jenseits des Strandes auf die **„Traumstraße"**, die ihren Namen zu Recht trägt, denn sie ist kaum befahren, von lauter Grün umgeben und deshalb besonders idyllisch. Die Traumstraße kann man auch in eine Rundtour von Goting nach Witsum via Borgsum einbeziehen.

Wer einmal querbeet wandert, wird **viel Idylle** entdecken. Ob es nun milde Rindviecher am Straßenrand sind, ein strahlend-gelbes Rapsfeld, eine Ansammlung prächtiger Kuckuckslichtnelken oder eine wuselige Vogelschar: Immer gibt es etwas zu sehen, woran man sich erfreuen kann. Aber um das alles in sich aufnehmen zu können, muss man halt zu Fuß gehen. Das Entdecken, ist ja das Schöne am Wandern, nicht das Kilometerfressen.

Windsurfen

Föhr gilt als ideales Revier für den maritimen Brettlsport, neuerdings auch Kitesurfen. Lernen kann man beides bei Windsurfing Föhr.

030ha-foe Foto: rh

- **Windsurfing Föhr,** Tel. 04681/7471976, www.windsurfing-foehr.de, Mai-Sept.

Schulstandorte sind:

- **Wyk:** Schapers, Strandabschnitt 13, ein Stückchen stadtwärts, Mai-Sept.
- **Utersum:** Hundestrand. Juni-Aug.

Preise (gerundet in Euro, für beide Betriebe identisch)

VDWS-Grundkurs (12 Std.)	150,00
Prüfungsgebühr VDWS-Grundschein	30,00
Aufbaukurs (3 Std.)	150,00
F-Kurs (3 Std.)	50,00
Schulungseinheit (1,5 Std. Surfen)	25,00
Verleih, 1 Std./12 Std	10,00/100,00
12 Std.	100,00
Anzug/Trapez, 1 Std./12 Std	3,00/25,00
12 Std.	25,00

Preise für Kites vor Ort erfragen.

- Eine weitere Windsurfschule gibt es in **Nieblum** (Tel. 3566, Fax 50852, www.nws-foehr.de). Info erhält man im dortigen Edeka-Markt. Die Preise sind mit den obigen fast identisch.

Föhr for Guinness!

Im Sommer 1996 war's, als neun wackere Surfer auf einem Mega-Brett von 16 Meter Länge und 400 Kilo Gewicht von Nieblum auf Föhr aus in See stachen. „Einmal Amrum und zurück!" lautete der Tagesbefehl. In flotter Fahrt ging's bei Windstärke 4 auf Tour, und schon 65 Minuten später knirschte das Riesenbrett bei Wittdün auf den Sand. Zurück brauchte der „Achter mit Schwertmann" dann mit günstigem Wind gar nur 35 Minuten – eine kleine Bestleistung, für diese spezielle Klasse zumindest. Man hoffte nach dem Triumph auf einen Eintrag im Guinness Buch der Rekorde und Glorien für Föhr. Aber daraus wurde dann doch nichts. Mit neunhundert Mann auf dem Surfbrett – ja, das wäre schon eher was im Sinne des berühmten Buches gewesen!

Strände

Die ganze **Südküste Föhrs,** vom Wyker Fähranleger bis Utersum, ist ein einziger, rund 15 km langer Strand, der nur an ein paar Stellen von gubbeligen Sektoren unterbrochen wird. Dahinter, zum Land hin, hat sich einiger Sand angehäuft, doch nicht genug, um als Dünen zu gelten. Man spricht auf Föhr lediglich von Sandwällen, und Wyks schöne Promenade trägt ja auch diesen Namen. Im Bereich des Steilufers Goting Kliff liegen einige Felsbrocken und Kiesel herum. Die eigentlichen Badestrände befinden sich direkt vor Wyk, Nieblum und Utersum.

025ha-foe Foto: rh

DLRG-Wachen befinden sich an den Stränden der drei genannten Gemeinden – und manchmal kommen sie auch zum Einsatz. Denn die Strände und die davor liegenden Wattflächen grenzen an ziemlich enge Rinnen, in denen die Strömungen, namentlich bei ablaufendem Wasser, gefährliche Geschwindigkeiten annehmen. Wer da hineingerät, kann leicht ins Offene getragen werden. Und wenn dann keine Hilfe da ist, sieht es zappenduster aus ... Wer bei Hochwasser direkt an der Küste auf den Sandstreifen badet, die die eigentlichen Strände ausmachen, setzt sich jedoch null Gefahren aus, denn das Wasser ist dort flach und so gut wie strömungslos. Auch mit nennenswerter Brandung ist, außer bei schweren Stürmen, wegen der vorgelagerten Insel Amrum und des Watts nicht zu rechnen.

Die beiden **Anlegebrücken** am Wyker Strand können ohne weiteres betreten werden. Dort wird auch geangelt und Kinder fischen mit Krabbennetzen und niemand hat etwas dagegen.

Strandkörbe

Vom 1.3. bis 30.9. lassen sich Strandkörbe telefonisch beim Hafenbetrieb reservieren (Tel. 580664). Außerdem liegt dem Gastgeberverzeichnis eine Karte bei, mit der man seinen Strandkorb praktischerweise schon **vorbestellen** kann. Das mag ratsam sein, denn in der Hauptsaison sind die Körbe oft belegt. Wer an Ort und Stelle mieten möchte, wende sich an die zuständigen Wärter oder, falls keiner in Sicht sein sollte, an die Surfschulen bzw. an die Kasse des Wyker Wellenbades.

Preise (in Euro)

Tagespreis	7,00
1 Woche	42,00
2 Wochen	77,00
3 Wochen	94,50

In Nieblum und Utersum liegen die Strandkorbtarife etwas niedriger. In Nieblum (und Goting) sind Vorbestellungen nicht möglich.

031ha-foe Foto: rh

Strandrollstuhl

Gegen eine geringe Kaution täglich auszuleihen beim Schwimmbad aquaföhr, Tel. 3048. Strandrollstühle gibt es auch in Nieblum und Utersum.

FKK

Das Thema Freikörperkultur wird auf Föhr locker gehandhabt. Zumindest insofern, als die Freunde des Lichtkleides die ihnen zugewiesenen **Strandabschnitte** bevölkern und sich auch nicht daran stören, wenn Bekleidete mal in ihre Reviere streunen. Diese FKK-Bereiche befinden sich am Strand nahe des Flugplatzes (Zone 29) und beim Nieblumer Goting-Kliff.

„Nichtraucherstrände"

Wer der vielen guten Frischluft wegen ans Meer gefahren ist, neigt nicht dazu, am Strand widerspruchslos Nachbars Knösel zu inhalieren. (Rauch belästigt, Nichtrauch keineswegs, um einem gängigen Argument vorzubeugen.) In Erkenntnis dieses Sachverhalts hat man auf Föhr ein paar speziell Nichtrauchern vorbehaltene **Strandsektoren** geschaffen, und zwar am Wyker Oststrand im Abschnitt 4 sowie am Südstrand in der Zone 24. Wir wollen hoffen, dass der Wind aus der richtigen Richtung weht und dass sich das Schema überhaupt bewährt, denn auf anderen Inseln hat es weniger gut geklappt. Und mit selbst auferlegter Zurückhaltung hat man auch nirgendwo viel am Hut ...

Außerdem stellen die Verwaltungen Rauchern sogenannte **Strandaschenbecher** zur Verfügung, damit nicht überall Abfall herumliegt. Filterkippen beginnen erst nach drei Jahren zu verrotten; manche Areale sind geradezu übersät mit ihnen. Die direkt an den Badestränden Wyk, Nieblum und Utersum erhältlichen Behältnisse kommen offenbar gut an. Sie können gegen eine geringe „Leihgebühr" erstanden und als herziges Souvenir mit nach Hause genommen werden - ein Angebot, von dem viele Gäste Gebrauch machen.

Unterhaltung

Allgemeines

Föhr ist eine Ferien- und Erholungsinsel und bietet (außerhalb der unten genannten Sausen) keine Dröhnungen im Stil der „Love Parade". Wer Pläne hat, irgendwo hinzureisen, um „die Sau rauszulassen", suche sich ein anderes Ziel aus - es gibt ja genügend Alternativen.

Einen Überblick über das Unterhaltungsgeschehen gibt der monatlich erscheinende Kultur- und Freizeitkalender gratis erhältlich in allen Geschäften.

Am Wyker Badestrand

Unannehmlichkeiten am Strand

- **Quallen:** Es kann mitunter vorkommen, dass nesselnde Quallenarten bis in Föhrer Küstengewässer treiben und Schwimmern dort auf der Haut ziepen können. Das ist - außer für extreme Allergiker, die eh Bescheid wissen sollten - nichts Lebensgefährliches, aber sehr unangenehm. Man verlasse das Wasser, weil weitere Kontakte die Sache durch Sensibilisierung des Körpers womöglich verschlimmern. In den DLRG-Buden gibt es lindernde Mittel. Essig ist ebenfalls hilfreich. Da man den aber nicht immer dabei hat, verwende man auf freier Wildbahn Pipi - keine falsche Scham. Wer sich vor Quallen fürchtet, bade im Hemd. Auch reichliches Eincremen mit Sonnenmilch ist sehr nützlich. Aufs Trockene getriebene Quallen sind übrigens völlig harmlos.
- **Unterkühlung:** Auch im 20 Grad „warmen" Seewasser geht dem Schwimmer ständig Wärme verloren. Wer nach längerem Baden mit den Zähnen klappert, packt sich am besten in den heißen Sand und die Sonne. Wenn die Luft kühl sein sollte: Dick einmummeln und bald ein heißes Duschbad - das sind die besten Kältekiller. Man nehme keinen Alkohol „zur Erwärmung" zu sich. Alkohol öffnet die Hautporen und führt zu weiterer, letztlich gefährlicher Auskühlung.
- **Wadenkrampf:** In Rückenlage das betroffene Bein steif ausstrecken und die große Zehe hochziehen. Der Krampf löst sich dann augenblicklich. Anschließend das Wasser verlassen, denn die Verkrampfung ist ein Zeichen für beginnende Auskühlung.

Büchereien

- **Kleines Kulturzentrum,** Wyk, Mittelstr. 33, Tel. 3400. Mo, Di, Do, Fr 10-12.30 und 14.30-18 Uhr, Sa nur morgens.
- **Dörpshus Nieblum,** Tel. 2559. Mi 10-11.30 Uhr.
- **Haus des Gastes Utersum,** Tel. 346. Mo und Do, 16.30-17.30 Uhr.
- Außerdem „Leseecken" im Eingangsbereich des **Schwimmbads aquaföhr** und im Seminarraum des Veranstaltungszentrums (Sandwall 38).

Disco

In der Wyker Diskothek **Olympic** (Koogskuhl 6, Tel. 3744) trifft man sich zu dezibelträchtigem Sound von der Scheibe. So, Mo, Di und Do dienen der Ruhe; die Jockeys brauchen offenbar vier

Tage, um ihre Ohren zu entklingeln, im Winter sogar fünf.

Fernsehen Einen Fernsehraum gibt es in Nieblum, im Haus des Gastes, geöffnet täglich 9-22 Uhr.

Heiraten Ist Heiraten „unterhaltsam"? Nun, das wollen wir doch hoffen. Auf Föhr kann man in besonders reizvollem Ambiente den Bund fürs Leben schließen. Und zwar u.a. im Altföhringer **„Haus Olesen"** (Teil des Friesenmuseums) in Wyk. Info dazu gibt das Standesamt Wyk: Tel. 500425.

Inselfeste Das ganze Jahr über finden irgendwelche Sausen statt, vor allem natürlich im Sommer. Zum Beispiel wird der sonntägliche **Wyker Fischmarkt** von wumpfender Blaskapellenmusik begleitet, oder der Föhrer Shantychor „Die Wattenheuler" gibt etwas zum Besten, um die Kauflust anzutörnen. Manche Feiern werden auch rein aus dem Stegreif anberaumt. Die beiden wichtigsten Feste sind jedoch die folgenden:

- **Biikebrennen:** Ein uralter Brauch, der noch auf den Wotanskult zurückgeht und mit dem seit dem Mittelalter Seeleute und Walfänger auf Ausfahrt verabschiedet wurden. (Das friesische Wort bedeutet in etwa „Feuermal" und ist als „Bake" weiterhin im Hochdeutschen präsent.) Am Abend des 21. Februar brennt man die Scheiterhaufen an den jeweiligen Gemeindestränden ab und lässt gleichzeitig eine große Feier steigen. Die Feste sind auch bei den Touristen sehr beliebt, wodurch den alten Gebräuchen aber kein Abbruch getan worden ist.
- **Wyker Jahrmarkt:** (Meistens) am 3. Wochenende im Oktober. Auch Wyks „Oktoberfest" oder „die 5. Jahreszeit auf Föhr" genannt. Man trifft sich auf dem Heymannsparkplatz, der zur „Wiesn" hergerichtet ist, drei Tage lang zu riesiger Gaudi, Feuerwerk und jeder Menge Umptata.

Kino Im Kurhaus, in Wyk, Sandwall 40. Automatische Programmansage: Tel. 3663.

Veranstaltungen **„Kurmusik"**, von ausgezeichneten Orchestern geliefert, ertönt im Sommer täglich außer Mo aus der Konzertmuschel am Sandwall. Es lohnt sich ebenfalls, den Kalender nach Solistendarbietungen in den Föhrer Kirchen zu durchforsten, denn manches Juwel ist dabei. Auf den Dörfern finden sporadisch **Trachtenvorführungen und -tänze** statt, die man nicht versäumen darf, wenn man sich für Traditionelles und Folklore begeistert. **Kultur- und Heimatabende** fallen ebenfalls in diese Kategorie; sie sind reichlich im Kalender vertreten. Föhr hat auch zahlreiche Künstler, vornehmlich Maler, angezogen. In Wyk und auf den Dörfern kann man ambulanten **Ausstellungen** beiwohnen; manche Zuwanderer haben sich auch fest etabliert – des „hohen Himmels" wegen.

Den ganzen Sommer läuft immer irgendetwas **Unterhaltsames,** von Bauchtänzen über musikalische Darbietungen bis zu Vorlesungen und Diavorträgen. Auch an die Kleinen ist gedacht. Von „Gänse aussägen und bemalen!" bis zu Filmvorführungen und speziellen Wattwanderungen für Zwerge ist immer etwas für sie dabei. Alle diese Programme sind minutiös im Freizeitkalender aufgelistet.

Unterkunft

Das Föhrer Bettenangebot ist insular, reichlich und durch die Bank preislich erschwingbar, zum Teil sogar ausgesprochen preiswert. Die Beliebtheit der Insel macht jedoch zeitige Buchungen erforderlich; man sollte mitten im Winter schon an die sommerliche Bleibe denken!

Auf der Anlegebrücke (Wyk)

Der **Gästeservice Föhr** (Tel. 300) ist für die ganze Insel zuständig. Wegen der starken Inanspruchnahme der Zentrale sollten sich Gäste für Alkersum, Midlum, Nieblum, Oevenum und Wrixum an das Büro in Nieblum wenden (Tel. 2559) und jene für Borgsum, Dunsum, Oldsum, Süderende Utersum und Witsum an das in Utersum (Tel. 04683-346).

Außerdem gibt es in Wyk den **Föhrer Gastgeberverein** (Tel. 501750, Fax 501751) und die **Ferienvermietung OK** (Tel. 570020, Fax 50562). Beide können ebenfalls bei der Vermittlung aushelfen, wenn Not am Mann ist.

032ha-foe Foto: rh

Preisklassen: Symbol	Preise in Euro	Komfortkategorien: Symbol	Kategorie
€	bis 30	*	1-Sterne-Hotel
€€	30-50	**	2-Sterne-Hotel
€€€	50-70	***	3-Sterne-Hotel
€€€€	70-100	****	4-Sterne-Hotel
€€€€€	>100	*****	5-Sterne-Hotel

Die aufgeführten **Preise** folgen dem im Gastgeberverzeichnis benutzten System und gelten jeweils für eine Person, im Doppelzimmer (DZ), in der Hochsaison. Moderater sind die Kosten in der Regel während der Neben- und Zwischensaison:

- **A (Hauptsaison)** 27.6.-5.9.
- **B (Zwischensaison)** 4.4.-27.6., 5.9.-24.10., 19.12.-9.1.
- **C (Sparsaison)** 10.1.-4.4., 24.10.-19.12.

Diese Angaben gelten für das Jahr 2010. In späteren Jahren mag es leichte Verschiebungen geben; sie sind dann im jeweils aktuellen Gastgeberverzeichnis zu finden. Andere Abweichungen sind in den Spalten „Symbole/Sonstiges" des Tabellariums vermerkt.

Hotels

Saisonale Preisabstufungen gibt es bei den meisten Hotels nicht oder sie sind vergleichsweise gering. Man frage immer nach Rabatten und speziellen Vor- und Nachsaison-Angeboten, insbesondere bei längerem Verbleib.

Am Strand bei Nieblum

Wyk

• **Atlantis****/€€€,** Sandwall 29, Tel. 599100, Fax 599444, info@atlantis-hotel.net.

Unmittelbar am Strand an der Kurpromenade gelegen, jedoch nahe des Wyker Stadtkerns. HP + € 15.

• **Duus-Hotel €€,** Hafenstr. 40, Tel. 59810, Fax 598140, info@duus-hotel@t-online.de.

In direkter Hafennähe; mit Restaurant „Austernfischer". Achtung: abweichende Saisonzeiten. Ermäßigungen bei längerer Belegung.

• **Fering Hüs€€,** Große Straße 42, Tel. 59700, Fax 597037, info@feringhues.de.

Fünf Minuten von der Fähre, in der Wyker Fußgängerzone, 400 m zum Strand. Auf Saisonzeiten achten.

• **Haus Jensen***/€€€,** Gmelin Straße 4, Tel. 58680, Haus.Jensen@t-online.de.

Toplage am Südstrand, großzügige Einrichtung. Auf Saisonzeiten achten.

• **Kurhaus-Hotel€€€,** Sandwall 40, Tel. 792, Fax 1591, kurhaushotel-wyk@gmx.de.

Fein und klassisch, an der Strandpromenade mit Blick aufs Meer. Im Haus gibt's Kino, Kegelbahn, Sauna, Fitnessraum, ein Café-Restaurant und ein Eiscafé. Auf abweichende Saisonzeiten achten. In der C-Saison geschlossen.

• **Strandhotel €€,** Königstr. 1, Tel. 58700, Fax 587077. Gleich links am Ortseingang und – tatsächlich: am Strand! – liegt das Strandhotel. Architektonisch überwältigt es nicht, aber es ist relativ preiswert. Außerdem diverse Appartements. Verlängerte Sparsaison. Und im Erdgeschoss gibt's Pizzen – der Hotelbesitzer ist Italiener.

Nieblum

- **Haus Agge** €€€, Wohldsweg 1, Tel. 2229, Fax 50547, pension@haus-agge.de.
Pension. Im Winter geschlossen.
- **Landhotel Witt******/€€€, Alkersumstieg 4-6, Tel. 58770, Fax 587758, landhotel-witt@t-online.de.
Nicht nur unter vier Sternen, sondern auch unter Reet ruht man in diesem Traditionshaus (HP + 25,50 €). Sonderkonditionen für die Nebensaison.
- **Osterheide** €€, Heidweg 18, Tel. 2895, Fax 2896, osterheide@gmx.de.
Familienbetrieb in ruhiger Umgebung, 300 m zum Strand. Zum Frühstück gibt's sogar hausgebackenes Brot! Bei Aufenthalt unter 3 Tagen etwas teurer.

Utersum

- **Zur Post** €€, Boowen Taarep 7, Tel. 04683-941012, Fax 941068, zurpost@t-online.de.
Hotel garni. Recht großer Komplex in Nähe von Strand, „Downtown" Utersum und Reha-Klinik. Eigenes Hallenbad mit Gegenstromanlage steht Gästen zur kostenlosen Verfügung. HP +11 €. Ab 7 Ü Ermäßigung.
- außerdem zwei Gasthäuser in Utersum.

Friesendörfer

- **Kröger's Dörpskroog** €, Oevenum, Dörpstrat 24, Tel. 2103, Fax 570231.
Typisches Landgasthaus. Mit Restaurant.

Pensionen

Von dieser Kategorie existieren auf ganz Föhr nur einige wenige Einheiten. Sie kosten pro Person durchweg ab € 32, wenn auch in Wyk eine mit € 27 dabei ist.

Gästezimmer

Die Zeit, als man sich auf kuscheligen Föhrer Bauernhöfen einnisten und deren frische Produkte genießen konnte, ist leider vorbei. Schon vor mehreren Jahren wurde dem Autor geklagt, dass die örtlichen Verwaltungen darauf pochten, die günstigen Tarife der Farmen doch gefälligst anzuheben, um mit dem allgemeinen Niveau mitzuziehen. Das wollte man wohl nicht und hat deshalb (mit einer einzigen Ausnahme) ganz dichtgemacht. Im städtischen Bereich haben die Wirtinnen dem Aufruf jedoch nicht alle Folge geleistet, und es gibt immer noch sehr preiswerte Bleiben.

In Wyk findet man eine beträchtliche Anzahl von Zimmern „mit und ohne Frühstück". Bei der letzteren Kategorie ist *Renato Koisat* (Tel. 580368) bereits mit 15 Euro dabei, und für einen weiteren Sechser gibt's ein Frühstück mit fünf Sternen dazu. Da kann man nicht meckern!

034ha-foe Foto: rh

In Nieblum gibt's nur noch 2 Einheiten. Auf den **Friesendörfern** sind die Zimmer ebenfalls dünn gesät. Nur *Annelene Volkers* (Tel. 2157) hält noch die Stellung und lädt auf den Midlumer Aussiedlungshof (Nr. 15) für **€** 18 mitten in die Agrikultur ein. Sogar ein Frühstück ist dabei! (Im Winter dicht.)

Ferienwohnungen

Die „Fewos" machen die ganz **große Masse der Föhrer Herbergen** aus. In vielen Fällen kommt man auf einen ganz guten Schnitt, wenn man den Pro-Kopf-Preis errechnet. „Extras" wie Fernseher, Radios und Waschmaschinen dürfen nicht als verteuernd angesehen werden, weil solche Geräte heutzutage zur ganz normalen Ausstattung gehören. Der eine oder andere Gast mag auch vorziehen, seine Ferien ohne Unterhaltungstechnik und maschinellen Hausrat zu verbringen. Wäsche kann man in Wyk waschen lassen, und die Nachrichten stehen jeden Tag in der Zeitung.

Nicht alle Ferienwohnungen sind kuschelige Friesenhäuschen. Manche schon, aber andere haben bei genauer Betrachtung gerade mal den Charme von AOK-Filialen. Wer aufs **Ambiente** Wert legt, muss einen Bildvergleich machen oder sich die Herberge beschreiben lassen.

Vorsicht ist manchmal bei Ansprüchen auf See- oder **Strandblick** geboten, denn ein solcher steht unter Umständen nur aus der Dachluke und nicht vom lauschigen Wohnzimmer zur Verfügung. Themen wie Kinder, Hunde und Raucherstatus sind ebenfalls anzuschneiden, weil insofern keine Selbstverständlichkeit vorausgesetzt werden darf.

Spaß mit dem Findling (Utersum)

035ha-foe Foto: rh

Jugendheim

Das **Ernst-Schlee-Schullandheim Nieblum**€ (Bi de Süd, Tel. 468) bietet 212 Betten auf 54 Zimmern, dazu jede Menge Extras von der Bocciabahn bis zum Musikzimmer und nimmt auch Jugendgruppen auf. Info: *Dr. K. Witt,* Tel. 04193-5114.

Jugendherberge

Die **JH Wyk auf Föhr** € befindet sich am Fehrstieg 41 (Tel. 2355, Fax 5527, jhwyk@djh-nordmark.de), in der Nähe des Südstrandes. 178 Betten, 6 Tagesräume, 7 Familienzimmer.

Belegungsinfo ist auch über den Landesverband Nordmark erhältlich (Tel. Hamburg 040-6559950, E-Mail: service@djh-nordmark.de).

062ha-foe Foto: rh

Reha-Klinik

Die **Rehabilitationsklinik Utersum** der BfA liegt im Westen der Insel nahe der See und ist schon seit den dreißiger Jahren in Betrieb. Das Haus ist vollständig renoviert und auf den neuesten Stand der Technik gebracht worden. Behandelt werden Erkrankungen der Atmungsorgane, des Kreislaufs, Allergien und umweltbedingte Leiden.

Von außen sieht das Gebäude recht düster und „anstaltsmäßig" aus und wird von seinen Patienten auch mit wenig schmeichelhaftem Vokabular bedacht. Doch drinnen gibt's gemütliche Zimmer mit Dusche und WC, Safe und Notrufanlage, eine Gymnastikhalle, ein Meerwasser-Schwimmbad mit 25m-Bahnen, Kegelbahn, Fernseh- und Veranstaltungsräume, Minigolf und Tennisplatz – Herz,

was willst du mehr? Hauptbeleger ist die Bundesversicherungsanstalt für Angestellte in Berlin.

Info: Tel. 04683-60, Fax 6364.

Camping

Auf Föhr gibt es keine Campingplätze.

„Große Sandkiste Föhr"

063ha-foe Foto: rh

Sehenswertes

Wyk

Wer am Wyker Anleger die Fähre zu Fuß verlässt, braucht nur ein paar Schritte nach links zu tun und ist schon am **Strand,** der sich dann bis Utersum fortsetzt. Geradeaus geht's zu den Bussen, mit denen man sich über die Insel verteilen lassen kann. Wer weiter marschiert, hat zur Rechten den malerischen **Fischereihafen,** vor dem zumeist ein Stand mit Meeresfrüchten steht, mit denen man sich stärken kann. Gleich daneben ist der Flutmarker, und zur Linken das Maskottchen der Insel, **Fiete Föhr,** bei dem die Verkleinerungsform allerdings unangebracht erscheint, denn es handelt sich um einen ganz schönen Kawentsmann, aus einem kompletten klobigen Baumstamm geschnitzt.

Unmittelbar dahinter befindet sich das Hafenamt; gegenüber, der Marktplatz mit bronzenen Seehundskulpturen liegt dazwischen, ist die Kurverwaltung angesiedelt. Weiter geradeaus geht's den **Sandwall** entlang und man wird vielleicht empfinden, dass diese Flaniermeile eine der schönsten der Nordsee sein könnte, vielleicht die

036ha-foe Foto: rh

schönste, wenn nicht einige „moderne" Hochbauten das Bild etwas trübten. Schön ins Gesamtbild eingefügt ist auch die an den Strand anschließende, z. T. mit EU-Geldern finanzierte neue Promenade vom Sandwall bis zum Südstrand, die dem gelungenem Ambiente noch eins draufsetzt.

Nach rechts zweigen vom Sandwall diverse **alte Gassen** ab. So ganz alt sind sie nicht, denn leider fiel Wyk (zuletzt 1869) großenteils dem Feuer zum Opfer. Die erhalten gebliebenen putzigen **Häuschen** stammen jedoch noch aus der Dänenzeit und sind hübsch genug, dass man vielleicht einen Versuch machen sollte, Autos aus diesen Bereichen zu verbannen – wenn schon ein Anfang, dann hier.

Hinter der ausgedehnten Fußgängerzone mit altem Glockenturm kommt noch einmal ein Kordon von **Bürgerhäusern viktorianischen Stils,** die zu einem ansprechenden Stadtbild beitragen. Und danach geht Wyk allmählich in die übliche deutsche Vorortkulisse spitzgiebeliger Zweckbauten mit penibel gestutzten Rasen und eckigen Hecken über, zu keiner Betrachtung ladend.

037ha-foe Foto: rh

Der Ursprung des Namens Wyk

Wer einen Stadtnamen sein eigen nennt, der an einen Quieklaut erinnert, darf sich nicht wundern, dass der eine oder andere Jokus damit getrieben wird. Das erste Scherzchen dieser Art stammt ungefähr aus dem Jahre 1800, und zwar von einem Poeten namens *A. v. Essen:* „Ich habe eine alte dicke Beschreibung von dem Flecken Wieck gesehen, in welcher viele lateinische und holländische Auctoren citiert sind. Der Verfasser martert sich drei Seiten lang, um den wahren Ursprung des Namens *Wieck* zu entdecken. Endlich findet er ihn. Ein Ferkel macht eine Reise von 5 Meilen, und schwimmt von Tundern nach Föhr. Hier geht es an Land, wo man eben mit Erbauung des Fleckens beschäftiget ist, und schreiet: Wieck, Wieck, Wieck; Wieck, Wieck, Wieck! - Dieß, ruft der Verfasser aus, gab dem Flecken den Namen!!“

In Wahrheit ist der Sachverhalt etwas prosaischer. Der Name geht auf die Zeit der Wikinger zurück (die etymologisch auch nichts mit Schweinen zu tun hatten) und bedeutet, wie noch heute überall im Skandinavischen (vig, vik), ganz einfach „Bucht“, denn an einer solchen liegt der Ort.

Flutmarker An der Stirnseite des Binnenhafens steht ein (in neuerer Zeit ansprechend aufgemachter) Pfosten, der die **Pegelstände vergangener Sturmfluten** anzeigt. 1362, 1634, 1710, 1825, 1962 und 1976 sind dabei. Ganz oben ist der von 1825. Wenn man das umgebende Terrain mit dieser Marke vergleicht, wird einem ganz schön gruselig zumute. Man muss nämlich den Kopf in den Nacken legen, um dort hinaufzublicken - und so hoch stand damals das Wasser.

Friesenmuseum Rebbelstieg 34, Tel./Fax 2571. Schon **von außen** lädt dieses (1908 von einem Schwaben gegründete) Museum zu interessierter Betrachtung ein: Da

038ha-foe Foto: rh

stehen die riesigen Kieferknochen eines Wals sozusagen als Triumphbogen am Eingang, da entfaltet eine Bockwindmühle ihre Flügel, und da verbreitet das „Haus Olesen" aus dem Jahre 1617, Nordfrieslands ältestes erhaltenes, frühföhrische Gemütlichkeit. Dieses Haus, in dem man übrigens auch heiraten kann, wurde 1927 eigens aus Alkersum herangeschafft, wo es verfiel, und Stein für Stein wieder aufgebaut. Auch die Klappermühle (von Langeneß) und eine Scheune (aus Midlum) sind solche „Rückbauten".

Flutmarker

039ha-foe Foto: rh

Streifen wir jedoch einmal **durch das Hauptgebäude** mit der Aufschrift „Drie Süsters" (einem alten Schiffsnamensschild). In zehn Räumen gibt es so viel zu bestaunen, dass man schon mal einen Regentag ansetzen sollte, um dies alles in sich aufzunehmen.

- **Raum 1:** Hier ist Geologisches angesammelt, beginnend mit einem Querschnitt durch die Erdzeitalter und in die besonderen Föhrer Verhältnisse übergehend. Nicht nur versteinerte Seeigel gibt es dort (eine Spezialität des Goting Kliff), sondern auch eine alte „Salzbude" (aus der Salzsieder-Epoche), Exponate zum Thema Deichbau und sogar im Watt gefundene Pottwalknochen.
- **Raum 2:** Schwerpunkt ist hier die Föhrer Vorgeschichte seit der Steinzeit mit Betonung auf Ausgrabungsobjekten. Einsamer Höhepunkt ist ein getreulich wieder hergestellter Küchenabfallhaufen aus Groß-Dunsum, der erkennen lässt, dass schon vor vielen, vielen Jahren der Föhrer Dosenschwur in Kraft war, denn es befindet sich kein einziger anorganischer Bestandteil in diesem Kjökkenmödding.

• **Raum 3:** Präparierte Tiere; Schaubilder des Lebens und Sterbens in der Nordsee; Darstellung der Robbenjagd; Modell einer Entenkoje (Fanganlage), vieles mehr. Das mumifizierte Getier ist vielleicht nicht jedermenschs Sache, aber eben Teil der insularen Realität.

• **Raum 4:** Geschichte des Seebades Wyk mit Rückgriff auf die zahlreichen prominenten Besucher; Wyker Schifffahrt zu Ende des 19. Jahrhunderts ... und sogar ein richtiger Föhringer Weihnachtsbaum.

• **Raum 5:** Insulares Handwerk von der Reetdachdeckerei bis zur Kerzengießkunst. Man erfährt, was eine Stampfmühle ist und kann sich an Tischsonnenuhren erfreuen.

• **Raum 6:** Seefahrt als zentrales Thema – da gibt's natürlich am meisten zu sehen. Jede Menge Nautiquitäten, alte Navigationsgeräte, Mementos aus der Walfangzeit von Scrimshaw (Arbeiten aus Walknochen und -zähnen) bis zur puppenstubenhaften Wyker Trankocherei, zahlreiche schöne Schiffsmodelle und vieles anderes mehr beschreiben den für lange Zeit wichtigsten Föhrer Wirtschaftszweig sehr anschaulich.

• **Raum 7:** Goldschmiedewerkstatt und Hausrat. Man sieht diesen Exponaten an, dass Föhr trotz mancher Nöte nie ein armes Eiland war. Und man erfährt auch, was eine Hommel ist, nämlich ein altertümliches Saiteninstrument.

• **Raum 8:** In der volkskundlichen Abteilung fallen namentlich die prächtigen Inseltrachten ins Auge. Außerdem Exponate zum Thema heimischer Textilherstellung und Kinderspielzeug aus alter Zeit.

• **Raum 9:** Geschichte der Föhrer Auswanderer in den USA. Nach einer früheren Anmerkung des Autors weiß man jetzt, dass Galveston in Texas und nicht in Kalifornien liegt.

• **Raum 10:** Wie man einst auf Föhr zur Schule und in die Kirche ging.

Das Hauptgebäude des Museums

040ha-foe Foto: rh

Geöffnet ist das Museum von März bis Oktober täglich (außer Mo) von 10 bis 17 Uhr und von November bis Februar von 14 bis 17 Uhr. **Führungen** (in der Saison) Di und Do 15 Uhr.

Preise in Euro	**mit Kurkarte**	**ohne Kurkarte**
Erw.	2,50	3,80
Kinder und Jgl. 6-17 J.	1,30	1,80
Familien (1-2 Erw., bis 5 Kinder)	6,20	9,20
Schulklassen/Pers. (Lehrer frei)	0,80	-
Gruppe ab 15 Pers.	2,00	3,00

Nordsee-Kurpark

Der Park am Wyker Südstrand ist ein hübsches Stück Erde. Das heute jedermann zugängliche Gelände wurde 1898 von dem schwäbischen Arzt *Dr. Carl Gmelin* erworben, der dort ein Sanatorium etablierte. Damals war das Terrain noch eine karge Heidefläche. Ein speziell eingestellter Obergärtner ging 1900 ans Werk und begann damit, **ungewöhnliche Bäume anzupflanzen.** Zunächst ganz ordinäre Koniferen, die auf dem sandigen Boden gut gediehen und anderen Pflänzlingen bald Schutz gaben. Diese waren Feigen, Bambus und Edelkastanien, die samt und sonders bereitwillig Fuß fassten und eine Vorstellung von den milden Klimata jener Breiten geben.

Carl Mensendieck, der den Komplex 1930 übernahm, war weit gereist und begann – nicht in jedem Fall erfolgreich –, Bäume aus fernen Ländern anzusiedeln. Heute gedeihen im Nordsee-Kurpark außer typischen heimischen Gewächsen Esskastanien, Kirschlorbeer, Stieleichen, Pechkiefern, Sichel- und Schirmtannen, Libanonzedern und Gingkobäume und machen einen Spaziergang durch das Gehölz zu einem richtigen kleinen Erlebnis.

Schutzstation Wattenmeer

Im Erdgeschoss des Umwelt- und Veranstaltungszentrums am Sandwall gibt es einen speziellen **Wattenmeerraum** mit Aquarien, Ebbe/Flut-Simulationsdiorama und diversen Informationstafeln. Nebenan befinden sich noch der **Kurgartensaal** für Veranstaltungen und ein Leseraum. Ein kleiner Laden, eine Bastelwerkstatt für Kinder sowie Gruppen- und Seminarräume ergänzen das Angebot im ersten Stock.

- **Umwelt- und Veranstaltungszentrum,** Sandwall 38, Tel. 3081, geöffnet ganzjährig So-Fr 10-12 und 14.30-17.30 Uhr bzw. nach Angaben im Veranstaltungskalender.
- **Nationalpark-Zentrum Föhr,** Hafenstr. 23, Tel. 4290, offen Apr.-Okt. tägl. außer Sa 10-17.30 Uhr, Nov.-März Mi und Sa 14-17 Uhr, Eintritt € 2,50, Kinder € 1,20.

Friesenmuseum: Triumphbogen eigener Art aus Walknochen

Föhrs Dorfschönheiten

Man zählt generell 16 „Friesendörfer" auf Föhr, was ein wenig davon abhängt, ob Groß- und Klein-Dunsum getrennt aufgeführt werden oder ob man Hedehusum als Ortsteil von Utersum betrachtet oder nicht. Klintum und Toftum sind im Allgemeinen in Oldsum mit einbezogen, doch sie lassen sich natürlich ebenfalls separat zählen. Das in Wyk eingemeindete Dorf Boldixum wird oft auch nicht in den Zensus eingeschlossen. Aber man kann sich an den Dorfschönen auch erfreuen, ohne sie penibel zu zählen.

Die Föhrer Dörfer stammen durchweg aus dem späten Mittelalter; manche wurden womöglich erst von Überlebenden versunkener Siedlungen gegründet, über die heute nichts mehr bekannt ist. Die Endung -um, die den meisten Dörfern zu eigen ist, steht für -heim im nordischen Sprachgebrauch, doch außer in ein paar offensichtlichen Beispielen (siehe „Midlum") herrscht Uneinigkeit über die Bedeutung der Ortsnamen.

Alkersum Grob gesehen besteht Alkersum nur aus einer Straßenkreuzung der L 214 und dem Nieblumweg/Midlumweg, um die sich einige Gebäude, schöne Friesenhäuschen darunter, gruppiert haben. Neu in Alkersum ist das **Museum „Kunst der Westküste"** (Hauptstr. 1, Tel. 747400) mit unerwartet schönen Exponaten. Geöffnet tägli. außer Mo, vom 15.1.-28.2.geschlossen.

Boldixum Dieses Örtchen am Nordrand von Wyk ist mit der „Hauptstadt" so gut wie verwachsen, hat aber einigen dörflichen Charakter bewahrt. Zu sehen gibt es dort die unter „Kirchen und Kirchhöfe" beschriebene **Kirche St. Nicolai,** deren Turm man nicht verfehlen kann. Böse Zungen behaupten, die Wyker hätten Boldixum nur eingemeindet, um dort zur Kirche zu gehen, weil sie sich keine eigene leisten konnten. Das entbehrt keineswegs völlig des Wahrheitsgehalts, denn Wyk war einst ein Ableger von Boldixum und nicht umgekehrt.

Borgsum Das bäuerliche Dorf mit zahlreichen alten Reethäusern liegt etwas nordwestlich von Nieblum. Nahebei befinden sich die **Reste der Lembecksburg,** die schon den Wikingern und später (im 14. Jh.) dem in dänischen Diensten stehenden Namensgeber *Claas Lembecke* als Flucht- und Schutzstätte gedient hatte. Heute ist nur noch ein schwach erkennbarer Ringwall von der Burg übrig.

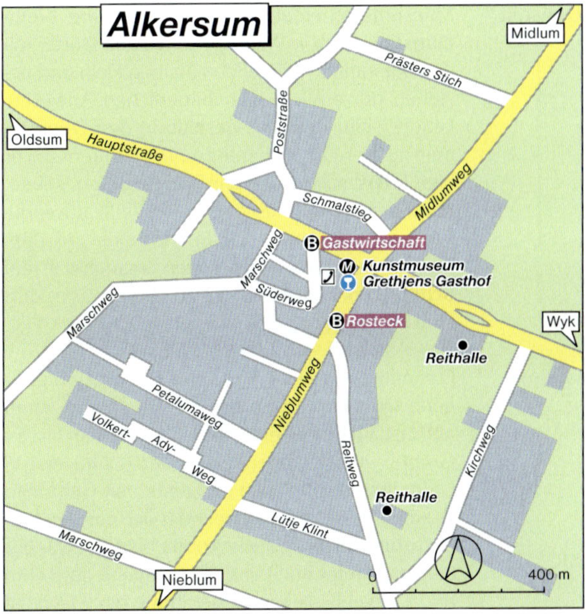

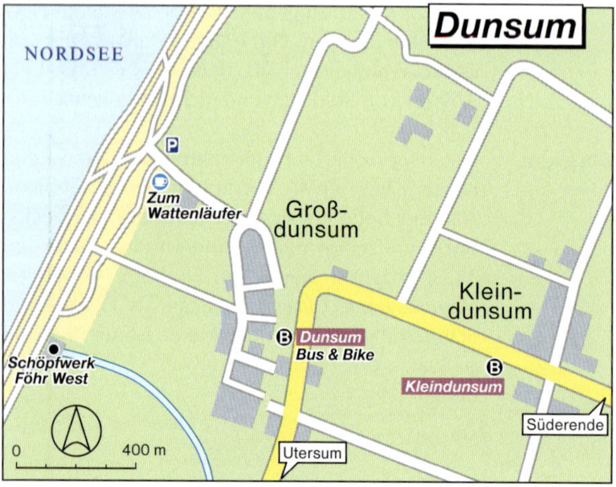

Dunsum

Man unterscheidet zwischen **Groß- und Klein-Dunsum,** doch in Wahrheit sind beide Dörfer mit dem koreanisch klingenden Namen klein und bestehen nur aus ein paar bäuerlichen Anwesen. Ländlich-sittlich geht's deshalb in den Dunsummen zu, es ist herrlich ruhig, und außerdem soll es hier Föhrs schönste Sonnenuntergänge geben. Groß-Dunsum ist Ausgangspunkt für Wattwanderungen nach Amrum; man trifft sich auf dem Deich. Touristenbusse halten manchmal am **Schöpfwerk Föhr-West,** um zu sehen, was es dort zu schöpfen gibt.

Goting

Das mittig zwischen Nieblum und Borgsum gelegene Dorf fällt einem bei der Durchfahrt kaum auf. Erst auf den zweiten Blick erkennt man fast im Grünen verschwindende Gebäude, und erst in Ufernähe gewahrt man endgültig, mit wem man es zu tun hat. Denn hier befindet sich das berühmte **Goting-Kliff,** die steile Abbruchkante, zwar nur ein paar Meter hoch und überwiegend aus Lehm und Mergel bestehend, aber immerhin. Davor ist

041ha-foe Foto: rh

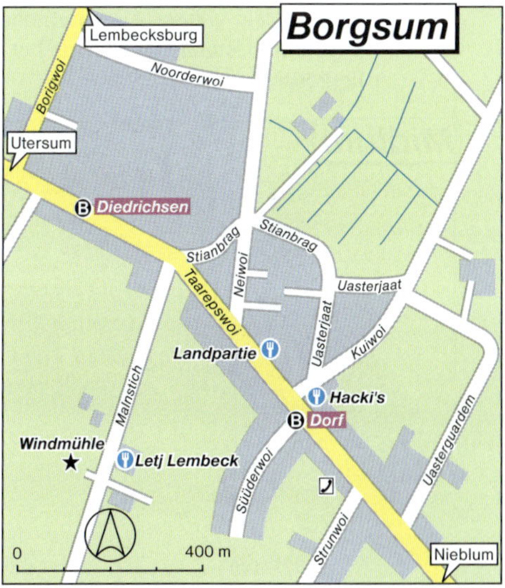

Föhrs „Steilküste“ Goting-Kliff

die Küste steinig und ein Stichkanal, der sich vom Landesinneren heranschiebt, riecht gar nicht so gut – doch beidseitig dieser Schwachstelle dehnt sich schon wieder weißer Sandstrand.

Midlum

Nomen est omen – Midlum liegt ziemlich genau in der Inselmitte. Einige sogenannte **Aussiedlerhöfe** gibt es dort, bäuerliche Anwesen, die in der lange überflutungsgefährdeten Marsch eine einsame Existenz führten. Aber das wär's dann auch schon.

Nieblum

Föhrs zweitgrößte Ortschaft ist gleichzeitig das bestimmt **hübscheste Dörfchen Nordfrieslands.** Hier siedelten sich einst Seefahrer und Walfänger an und versuchten, wie es bei ihnen Sitte war, einander mit dem jeweils schönsten Häuschen auszustechen. Was in diesem Wettstreit entstand, ist zum Teil ein wahrer Augenschmaus. Sogar das Kur- und Gästehaus Nieblums hat ein zünftiges Reetdach.

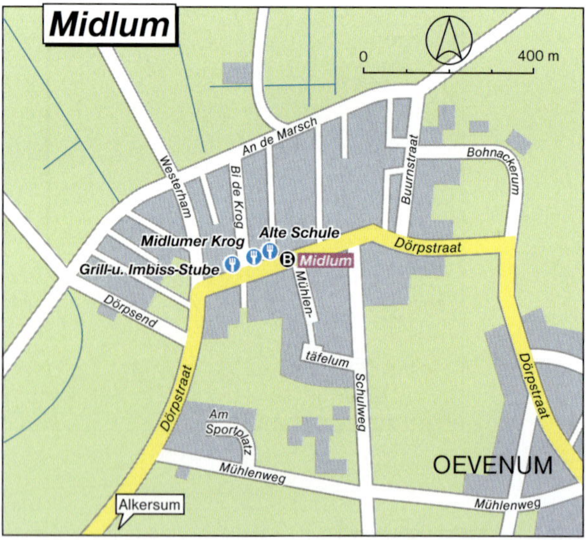

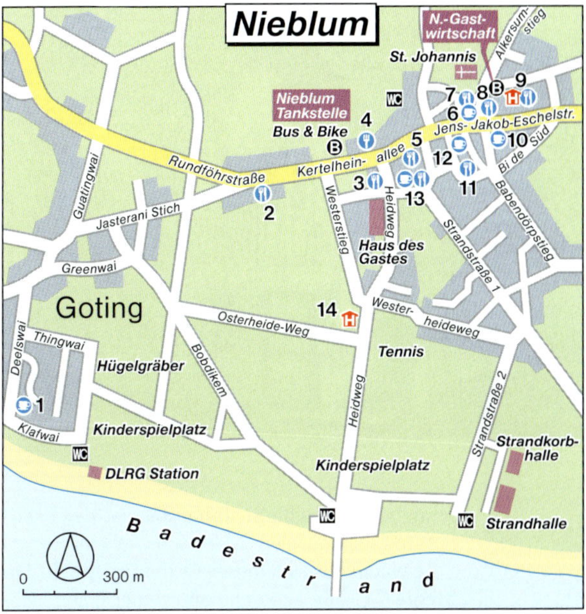

1 Kliff-Café
2 Webstube
3 Lohdeel
4 Steuermann
5 Zum Schlachter
6 Kohstall
7 Ole Backstuv
8 La Gondola
9 Landhotel Witt
mit Restaurant
10 Teesstube
11 Altes Landhaus
12 Café Osterheide
13 Café Nieblum und
Alt Nieblum
14 Hotel Osterheide

Weil es auf See und im arktischen Eis nichts Grünes gab, pflanzten die insofern wohl nostalgischen Heimkehrer Ulmen und Linden an, die weiterhin gut erhalten sind und mächtig umgrünte **Alleen** bilden. (Leider bewegen sich – Nieblums einziger Wermutstropfen – viel zu viele Autos auf diesen Baumstraßen, darunter jede Menge sinnlos zur Schau gestelltes Protzblech.)

Ein Muss bei einem Nieblum-Aufenthalt ist auch ein Besuch der unter „Kirchen und Kirchhöfe“ be-

042ha-foe Foto: rh

schriebenen **Kirche St. Johannis** und des Friedhofs mit seinen vielen „redenden Grabsteinen".

Zu einer Pause lädt ebenfalls der **Dorfteich „De Meere".** Große Scharen halbzahmer Enten, Möwen und anderer Vögel erwarten hier die obligate Fütterung durch Kurgäste und bedrängen die Geber oft so sehr, dass von diesen innerhalb der wuselnden Gefiederschar kaum noch etwas zu sehen ist. Hier bemerkt man vielleicht erstmalig, was für Witzbolde Enten sein können. Das führt dann zumeist zu lauter Belustigung bei den Erwachsenen und (angesichts richtiger Tiere und nicht virtueller TV-Kreaturen) Tränen des Schreckens bei den Kleinen.

Von Nieblums Hauptkreuzung bis **zum Strand** ist es etwa ein Kilometer. Man kann die Hälfte des Weges auf einem Waldpfad spazieren (beginnend beim Tennisplatz) und kommt dann beim rotweiß geringelten Quermarkenfeuer wieder ins Freie.

Hübsches Friesenhaus in Nieblum

Oevenum

Hier gibt es ein **Landwirtschaftliches Museum** (Buurnstrat 48, Tel. 2673). Unter dem Motto „Das Leben auf dem Lande" wird ein Blick in die Föhrer Vergangenheit geboten, und zwar täglich 14.30-17.30 Uhr oder nach Vereinbarung. Außerdem hat Oevenum eine „Friedenseiche" und einen (im Sommer) gut besuchten Wochenmarkt zu bieten.

Ansonsten zieht sich die Dörpstrat **grün, aber wenig aufregend** durch den Ort, und auch die Inselmeierei, in Touri-Broschüren lange lobend erwähnt, hat ihre Pforten geschlossen, dafür gibt es jetzt eine in Dunsum. Oevenum kann aber eine der tüchtigsten Feuerwehren Föhrs vorweisen, bereits 1882 gegründet. Die wird auch gar nicht so selten gerufen, bei den vielen Reetdächern.

Gleich hinter der zentralen Landstraße beginnen die Felder, darunter einige mit Phadelien, die im Frühsommer prächtig blauviolett blühen.

Oldsum

Hier, mitten in den Marschen, ist es ganz besonders ruhig. Und hier, in Oldsum, zu dem auch Klintum und Toftum gehören, findet man ein paar **außergewöhnlich schöne Friesenhäuser,** überwachsen von Rosen, Efeu und wildem Wein. Unter Kennern der Friesendörfer gilt Oldsum ein bisschen als Geheimtipp.

In Oldsum-Süd gibt es das **Stellys Hüüs** (Tel. 04683-306). Museum, Töpferstube, Café – alles in einem ist dieses urige Panoptikum, in dem sich massig unsortierter Kitsch (voll beabsichtigt) mit interessantem Antiquarischem mengt. Das Friesenhaus stammt aus dem Jahre 1837, und der einstige Vermessungsingenieur *Rolf Stelly* trug das ganze Inventar zusammen, in dem eine richtige Opiumpfeife nicht fehlt. Geöffnet täglich 11.30 bis 18 Uhr.

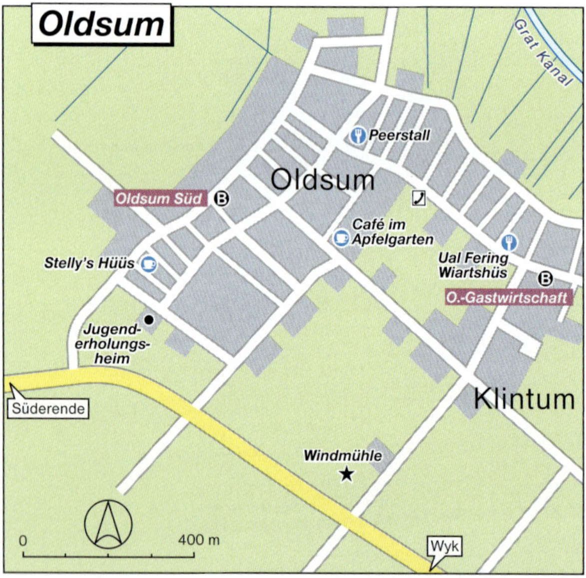

043ha-foe Foto: rh

Sehenswertes

Süderende In Süderende befand sich einst das Zentrum von Westerland-Föhr. Dabei ist das Örtchen nur ein winziges Straßendorf, an dessen südlicher Verlängerung sich unübersehbar der wuchtige Dom von St. Laurentii erhebt. **Typische Föhrer Schmalgiebelhäuser** gibt es in Süderende zu sehen, umgeben von Friesenwällen (aus Feldsteinen und Grassoden) und duftigen Bauerngärten. Und der **Kirche St. Laurentii** und ihren Grabsteinen sollte man natürlich auch eine Visite abstatten. Das lässt sich von den umgebenden Dörfern am besten zu Fuß oder per Rad erledigen und auf den falschen Weg gerät man dabei auch nicht, denn die Straßen und Pfade laufen von allen Seiten genau auf die Kirche zu.

Die Oldsumer Friesenhäuschen sind eine Augenweide

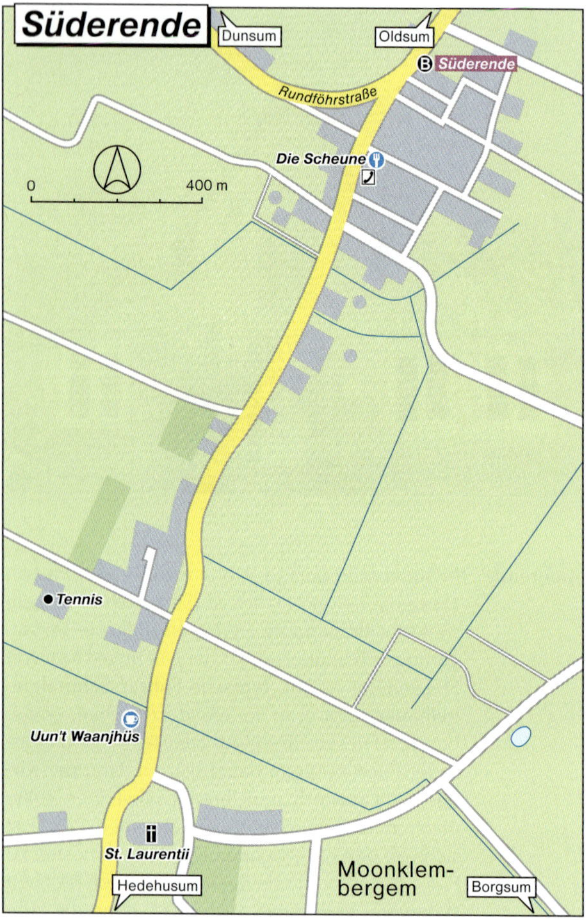

Utersum Föhrs westlichste Ortschaft stammt aus alter Zeit, und einiges davon ist im Dorfkern erhalten geblieben. Davor zieht sich der sommertags zumeist gut besuchte **Badestrand** schmal dahin, und vom südlichen Ortsteil Hedehusum schaut

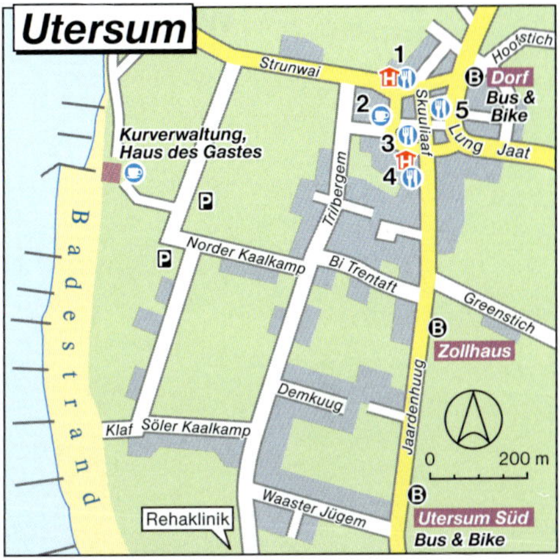

1 Gasthaus Knudsen
2 Ual Skinne
3 Enzo's Pesel
4 Zur Post
5 Ual Spieskoomer

der dunkle Klinkerbau der Rehaklinik herüber. Gleich neben dem Haus des Gastes ist das **Megalithgrab Sunberig** zu bewundern – ein paar Steine. Ansonsten viel Grün, und jenseits der K 122 beginnen bereits die Wiesen und Felder.

Witsum

Selbst auf großen Föhr-Karten ist das Nest mit seiner Handvoll Häuser kaum zu erkennen. Aber ein **idyllisches Nest** ist es! An die „Traumstraße" geschmiegt, mit Föhrs einzigem Fluss Godel und dem Vogelschutzgebiet Godelniederung davor, links und rechts niedrig rollende Geestkuppen, die obligate Klappermühle (die neu erbaute Galerieholländer-Mühle in Borgsum) im Hintergrund – das ist hübsch und kann sich sehen lassen.

Wrixum

Auf halbem Wege zwischen Wyk und Oevenum gelegen, ist Wrixum, ein typisches „Langdorf" entlang der L 214, fast schon ein wenig verstädtert. Doch immerhin gibt es hier Föhrs einzige für Publikumsverkehr geöffnete **Windmühle,** und damit ist der Ruf schon wieder gerettet ...

044ha-foe Foto: rh

Kirchen und Kirchhöfe

Nieblum

Die **Kirche St. Johannis** in Nieblum, auch der „Friesendom" genannt, stammt aus dem 12.-13. Jahrhundert. (Alle drei mittelalterlichen Kirchen Föhrs werden 1240 erstmalig erwähnt.)

Die klobige Bauart ist typisch für die friesischen Gotteshäuser. Große Teile des Konstruktionsmaterials, vornehmlich vulkanischer Tuffstein, wurden ganz aus dem rheinischen Brohltal (zwischen Köln und Koblenz) herangeschafft, anderes ist insularer Herkunft. An Aufwand wurde nicht gespart.

Was drinnen zu sehen ist, gehört zum Edelsten. Der prächtige Schnitzaltar aus dem letzten Viertel des 15. Jahrhunderts kommt wahrscheinlich aus Lübeck. Er ist auf alle Fälle vorreformatorisch, denn es handelt sich um einen sogenannten Marien-Krönungs-Altar mit der Gottesmutter und Jesus sowie diversen Apostel- und Stifterfiguren. Außerdem zeigen die beiden Flügelaußenseiten zwei besonders schöne und gut erhaltene Ölgemälde aus dem 15. Jahrhundert. Aus der gleichen Ära stammen Holzstatuen *Johannes des Täufers,* der

Die berühmten „redenden Grabsteine“

Im 17. Jahrhundert bürgerte es sich im Friesischen ein, die Grabsteine Verstorbener mit langen Lebensläufen der unter ihnen Ruhenden zu versehen. Im Volksmund werden diese bemerkenswerten Zeitzeugnisse auch „redende Grabsteine“ genannt, denn sie berichten von manchem Abenteuer, „vergnügter Ehe“ und anderem mehr. Die Insel Föhr steht an erster Stelle, was die Anzahl dieser Steine betrifft. Und hier wiederum ist es der Kirchhof von St. Johannis in Nieblum, der die meisten von ihnen aufweist: nicht weniger als 265 Stück. Der älteste stammt aus dem Jahre 1620; unter ihm liegt die „erbare und dogentsame Frouwe Ingge Rouwertsen“ begraben.

Bei den meisten der dieserart Bestatteten hatte es sich um relativ betuchte Menschen gehandelt: Kapitäne, Walfang-„Commandeure“, Steuerleute, Harpuniere sowie deren Frauen. Den Stein des „ehemaligen Schiffscapitains“ *Peter Rickerts* ziert der Leitspruch: „Der Friedenshafen ist erreicht“ – was man vielleicht doppelsinnig zu verstehen hat. Denn der alte Seebär, seit seinem zehnten Lebensjahr auf den Weltmeeren unterwegs, war viermal verheiratet und wurde dreimal Witwer ... Die wohl kunstvollste Stele auf dem Kirchhof ist jene *Dirck Cramers* (+1769), „des weyland wohlachtbaren Westindischen Capitains (...), der in seinem Leben mit Gott viel gewagt, aber auch unter seiner Leitung viel Glück gehabt, er wagete es vom 17. Jahr an sein Leben der wilden See anzuvertraue unter vielen Proben der Göttlichen Hülfe / von 1755 bis 1762 ein Schif nach 3 Theilen der Welt zu führen und es ward eine jede Fahrt in VI Jahren mit Segen gecrönet und er wagete es, auf Göttlichen Winck sich abwesend zu verbinden mit der tugendsamen EYCKE JENSEN aus Nieblum ob er sie gleich nie gesehen ...“

Solche gewagten „blind dates“ gab es öfter. Und sie hatten Bestand. Wenn der Seemann nach jahrelanger Reise nämlich nach Haus zurückkehrte, dann war jede Braut schön. Und wenn der Lack abzublättern begann, war der Sailor schon wieder unterwegs nach fernen Horizonten.

Die meisten Steine schildern das Seefahrerleben, manchmal sogar mit leichter unfreiwilliger Komik wie dieser:

045ha-foe Foto: rh

„Oft stürmt der Wind, die Wellen toben
der Seemann fleht, das Schifflein kracht.
JEHOVA hört s, und sieht von oben,
bedräuet Wind und Meer und spricht: seid sacht."

Oder auch: „Wer Gott vertraut, der schifft getrost ..." Bedeutsamerweise sind die Texte auf den Steinen fast ausnahmslos in hochdeutscher Sprache gehalten. Und das, obwohl Friesisch stets das Alltags- und Umgangsmedium war. Aber das sprach halt das Fußvolk – eine Schriftsprache war Friesisch ohnehin nie – und hatte auf einem teuren Grabstein feiner Leute nichts zu suchen. Auch befinden sich zahlreiche verschlüsselte Symbole auf den Steinen: Schiffe, nicht nur um auf Seefahrer hinzuweisen, sondern als Sinnbilder des menschlichen Lebens schlechthin (ein abgetakeltes Schiff, häufig zu sehen, steht für dessen Ende). Kreuze, Anker und Herzen symbolisieren die christlichen Grundtugenden Glaube, Liebe und Hoffnung. Blumen stellen Famlienmitglieder dar und immer wieder wird Gottes Segen mit kunstvollen Kürzeln wie G.S.S.S.G. („Gott sei seiner Seele gnädig") auf den Verschiedenen herabgefleht.

„Redende Steine". Sie sehen so ganz anders aus als die „kalten Platten", unter denen die Toten der Jetztzeit liegen und nichts mehr zu sagen haben, weil die heutige deutsche Friedhofsordnung, von unheiliger bürokratischer Regelwut keineswegs ausgenommen, ihnen noch im Tod das Wort verbietet. Die alten Steine scheinen dagegen das Leben fortführen zu wollen, sie strahlen Wärme aus. Man sagt, der Nieblumer Kirchhof habe so gar nichts Betrübliches an sich. Da ist wirklich etwas Wahres dran.

hl. Barbara und der *hl. Dorothea* sowie ein Sakramentsschrank.

Sehenswert – und unübersehbar – ist das Taufbecken aus dem 12. Jahrhundert, ein Werk aus massivem Granit. Es steht seit der letzten Renovierung der Kirche 1973 im nordwestlichen Teil des Chores.

In Folge der Reformation nahm der Kirchgang auf Föhr einen wichtigeren Stellenwert ein denn je. Deshalb musste eine Kanzel her, die 1618 gestiftet wurde. Der Landesherr *(Herzog Friedrich von Schleswig und Holstein),* der Präfekt von Tondern und zwei Geistliche hatten „de christlike Gemene tho disser Karcken dissen Predichstoel tho Gades Ehre gegeven". Ein wunderschönes Stück im Renaissancestil, das damals schon teuer gewesen sein muss und heute zu den ganz großen Kostbarkeiten deutscher Kirchenkunst gehört. Dies gilt ebenfalls für das Epitaph von 1613, geborgen aus der 1633 in der Nordsee versunkenen Kirche von Königsbüll auf Altnordstrand.

Auch um die Kirche herum gibt es etwas zu bewundern, nämlich die eigentümlichen Grabsteine aus alter Zeit (siehe den vorstehenden Exkurs).

Süderende

Aus etwa der gleichen Epoche wie die St. Johannis stammt Süderendes **Kirche St. Laurentii,** zentral in der Marsch gelegen, um von allen Dörfern Westerland-Föhrs gleich weit erreichbar zu sein. Die innere Ausstattung ist jener der Nieblumer Kirche sehr ähnlich, mit einem Altarschrein aus dem 15. Jahrhundert, einer romanischen Granittaufe, einer Kanzel von 1630 und Sakristeitür von 1680. Bemerkenswert sind ebenfalls die großen Kronleuchter, sie sind Votivgaben von Walfängern im 17. Jahrhundert.

„Redender" Stein in Süderende

046ha-foe Foto: rh

Auch die St. Laurentii hat „redende Steine" aufzuweisen, jedoch nur insgesamt 23 von historischer Bedeutung. Einige von ihnen sind aber besonders eindrucksvoll.

Boldixum

Ein ganz ähnlicher Wuchtbau ist Boldixums **Kirche St. Nicolai,** sehr wahrscheinlich gleichfalls aus den Anfängen des 13. Jahrhunderts. Auf diese Frühphase datieren auch der Taufstein und die Statue des *Heiligen Nikolaus,* Schutzpatron der Seefahrer. Altar, Kanzel, Kruzifix und Orgel stammen aus dem 17. Jahrhundert. Auf dem Friedhof der St. Nicolai gibt es ebenfalls eine (kleine) Anzahl „redender Grabsteine".

Streng genommen müsste man auch die Kirche von St. Clemens in Nebel auf Amrum dieser Auflistung zufügen, denn es handelte sich bei ihr, als sie um 1200 entstand, um einen Außenposten von Föhr. Doch in diesem Fall sei auf den Parallelband „Insel Amrum" verwiesen, der separat existiert und die St. Clemens einschließlich ihrer zahlreichen „redenden Steine" dort detailliert beschreibt.

Vogelkojen

Eine Vogelkoje nannte man früher einen Teich, in dem Wildvögel, vornehmlich **Enten, in „Pfeifen" (Reusen) gefangen** wurden. Insgesamt sechs von diesen tückischen Anlagen gab es dereinst auf Föhr, die zusammen bis zu 50.000 Enten pro Jahr erbrachten. Jene von Oevenum, bereits 1730 errichtet, sackte im Lauf ihrer Existenz mehr als 3 Millionen Vögel ein – Naturfreunde können noch heute darüber weinen.

Schon 1950 wurde der Massenfang von Wildenten in den meisten westeuropäischen Ländern verboten, doch nach und nach weichte das Gesetz wieder auf. Kaum zu glauben, aber heute sind auf Föhr immer noch vier Entenkojen in Betrieb, wenn auch mit streng beschränkter Fangzahl. Sie gelten als „Naturdenkmäler" und sind als kleine Wäldchen inmitten der kahlen Marsch erkennbar. Mit den Leuten vom BUND (Tel. 4620) kann man sich von April bis Oktober Mo-Fr 9.30-12 Uhr in eine **Besichtigungstour zur Boldixumer Vogelkoje** einklinken, um zu sehen, was dort so vor sich geht. Auf eigene Faust hat es keinen Zweck, weil die Anlagen weitläufig abgesperrt sind.

047ha-foe Foto: rh

Windmühlen

Von den insgesamt fünf Mühlen auf Föhr sind drei in Privatbesitz und können nicht besucht werden. Die **Windmühle in Wyk** (am Friesenmuseum) steht natürlich dem Publikum offen. Ebenso der große **Erdholländer in Wrixum.** Von April bis Oktober kann man ihn Mo, Di und Mi von 10-12 und 15-18 Uhr besichtigen. Spezielle Terminabsprachen sind auch möglich über Tel. 1877 oder 8887.

Der **Galerieholländer in Borgsum** ist ein Neubau aus dem Jahre 1992. Eine fünfte Mühle steht in Klintum.

064ha-foe Foto: rh

Geschichte
und Natur

048ha-foe Foto: rh

Inselgeschichte

Föhr – der Name

Feer heißt auf friesisch „trocken", und Feerlunn, also „trockenes Land", wurde die Insel einst genannt. Man erkennt die sprachliche Parallele zur Föhre, die auch nur auf drögem Sandboden gedeiht. Bezug genommen wird zweifellos auf den alten Geestkern der Insel, dessen Reste im Süden noch einigermaßen erkennbar sind. Ansonsten ist Föhr nämlich weder trocken, noch gibt es in den Inselmarschen Föhren. Deshalb sind sich die Gelehrten auch nicht ganz über die Herkunft des Inselnamens einig, und man wird sich bis auf weiteres mit der genannten Version zufrieden geben müssen.

Besiedlung

Jüten

Föhr war schon in der **Jungsteinzeit** (3000-1600 v. Chr.) besiedelt, also vor rund fünftausend Jahren. Die frühen Föhrer waren von Jütland aus eingewandert und hinterließen diverse Spuren, darunter ein Megalithgrab am Sunberig in Utersum, einzig erhalten gebliebenes von insgesamt siebzehn. Die anderen wurden ausgeräumt und die Großsteine frisch-fröhlich für den Deich- und Straßenbau verwandt.

In der **Bronzezeit,** ab 1600 v. Chr., wanderten neue Völker in den nördlichen Siedlungsraum ein, diesmal von Süden, und vermischten sich mit den alten. Es muss eine Ära des Wohlstands und hoher Kultur gewesen sein, wie sich wiederum an Grabfunden erwies (s. u.).

Die darauf folgende **Eisenzeit** weist weniger idyllische Züge auf, hauptsächlich wohl wegen einer zunehmenden Klimaverschlechterung. Es kam zu massiver Abwanderung in Richtung Süden (und Westen, nach England), die ca. 500 n. Chr. ihren Höhepunkt erreichte.

Wikinger

In das Vakuum zogen die Wikinger ein, denen raues Klima bekanntlich nichts ausmachte. Den ruhelosen Seeräubern wurde ein Leben als Bauern und Fischer aber offenbar bald langweilig, denn sie gingen **erneut auf Tour** (einige bis ins ferne Mittelmeer) und wiederum gab es einen Leerraum. In diesem siedelten sich um die erste Jahrtausendwende Friesen an.

Friesen

Sie kamen ursprünglich aus dem niederländischen Raum und wurden nach einer eingänglich erfolgreichen Siedlungsphase an der südlichen Nordsee zum Teil von den ihnen feindlich gesinnten Sachsen vertrieben; manche sträubten sich auch gegen

Zwerge und Unterirdische

Die karge Umwelt, die raue See und die langen dunklen Wintertage, an denen man die Zeit am Feuer verklönte, ließen ganz speziell auf Föhr allerlei Wunder- und Aberglauben herangedeihen. Einiges aus der altfriesischen Mythologie war in diesen Sagengespinsten noch wachgeblieben, und wenn etwas nicht mehr erhalten war, wurde halt Neues hinzugedichtet. So kommt es denn, dass es in Altföhrer Erzählungen von Zwergen und Riesen, bösen Hexen und hehren Jungfrauen, Mondmännchen und Klabautermännern nur so wimmelt. Mit Außerirdischen, dem heute aktuellen Aberglauben, hatte man damals noch nichts am Hut, aber die vielen Hügelgräber der Insel gaben Anlass zu der Überzeugung, dass in ihnen Unterirdische wohnten. Es müssen recht gutartige Typen gewesen sein, denn man liest, dass sie die Menschen schon mal neckten, aber ihnen ansonsten nichts zu Leide taten. Einige heirateten sogar Oberirdische. (Sollten die Föhrer deshalb heute so seltsam sein?) Was auch immer – diese besondere Variante des Aberglaubens trug lange zur Erhaltung der Hügelgräber bei, bis sie im Zeichen neuzeitlicher Aufklärung dann endlich geplündert wurden.

Doch die Moderne hielt nur sehr langsamen Einzug auf Föhr. Noch weit ins 19. Jahrhundert hinein waren Aberglaube und Hexenwahn lebendig. „Hexen" wurden zu dem Zeitpunkt zwar schon längst nicht mehr verbrannt, aber diverser Hokuspokus erinnerte immer noch an sie. Selbst heute glauben manche Oldtimer auf der Insel weiterhin, dass Jungen bei Flut und Mädchen – natürlich – bei Ebbe geboren werden. Und auch unter der jüngeren Generation sind einige ziemlich sicher, dass Außerirdische schon längst unter uns sind. Viel hat sich mithin nicht geändert seit der Zeit der Mondmännchen.

die im Gange befindliche **Christianisierung.** (Auf Föhr ereigneten sich noch im 16. Jahrhundert Rückfälle in das altgermanische Glaubenswesen, und wenn die Geistlichkeit nicht besonders behutsam vorgegangen wäre, hätte es wohl noch viel länger damit gedauert.) Die Exilanten ließen sich auf den Inseln im Nordwesten nieder und gaben diesen ihren Namen. Doch von einem „rein friesischen" Gebiet konnte nie die Rede sein. Neben Jüten und Wikingern waren auch Ambronen, Angeln, Cimbern und Teutonen schon mal dagewesen, bevor die Friesen kamen, und alles vermischte sich fröhlich zum Multikulti – und nicht zum schlechtesten, wie *Christian Morgenstern* bereits beobachtete.

Unter den Dänen

Anno 1231 taucht die Insel Föhr (zeitgleich mit Amrum) erstmalig im sogenannten **Erdbuch des dänischen Königs** *Waldemar II.* dokumentarisch auf, denn ein Teil des nordfriesischen Archipels (und zwar das Sylter Listland, West-Föhr und Amrum) gehörte damals zum Königreich Dänemark (und blieb es auch lange – erst nach dem preußisch-dänischen Krieg von 1864 wurden diese Gebiete deutsch). Föhr war also effektiv zweigeteilt; der Osten gehörte dem schleswig-holsteinischen Einflussbereich an und war ab dem 14. Jahrhundert fest mit diesem verbandelt. (Das Herzogtum Schleswig stand allerdings letztlich auch unter dänischer Oberhoheit.) Die Trennlinie lief von Süd zu Nord fast genau mittig durch die Insel und sogar zentral durch Nieblum. Doch echte Differenzen zwischen Ossis und Wessis existierten nicht, denn die Föhrer fühlten sich nach keiner Seite gehörig, sondern eher unabhängig.

Krach mit der dänischen Oberhoheit gab es nur einmal im Nordfriesischen, und zwar anno 1252, als der Dänenkönig *Abel* gewaltsam eine Steuererhöhung durchzusetzen versuchte. Das dänische Heer wurde auf dem (festländischen) Königskamp bei Oldenswort vernichtend geschlagen, er selbst fand den Tod. Seitdem arrangierten sich die Dänen mit den bockigen Friesen auf der Basis widerwilligen Respekts. Zwischen 1848 und 1850 kam es ein weiteres Mal zu Streit mit Dänemark, der sogenannten schleswig-holsteinischen Erhebung, kulminierend im preußisch-dänischen Krieg von 1864. Doch Föhr war von diesen Geschehnissen so gut wie nicht betroffen.

Frühe Feministinnen

Obwohl, wie erwähnt, Föhr kaum von kriegerischen Handlungen betroffen gewesen war, kursiert doch eine Legende, nach der eine mutige Frauenschar die Insel erfolgreich gegen böse Invasoren verteidigte. Bei dieser Gelegenheit sollen (nach geistlicher Aussage) „Föhringer Weibsleute durch Beihülfe ihrer alten Nationaltracht nebst einer damit verknüpften Tapferkeit die Insel Föhr zu zweien Malen bei Kriegszeiten, einmal gegen die Schweden und das andere Mal gegen die Russen, welche die Insel durch Heranrückung mit ihren armierten Schiffen den Untergang drohten, verteidiget und in Sicherheit gesetzt haben. Es haben sich nämlich die Weibsbilder im formidabelsten Habit auf die die Insel umgebenden Wall in großer Anzahl postieret, und sich mit Trommeln, Heugabeln usw. möglichsterweise versehen. Die Schweden und Russen, sehen die Leute für Grenadiers und lauter Bewaffenete und zur Verteidigung des Landes beorderte Kriegsvölker an und ließen sich durch dieses Blendwerk abschrecken, ihr wider dieses Land gerichtetes fürchterliches Projekt zu richten und segelten, ohne daß sie den geringsten Angriff taten, wiederum ab."

Bravo. Leider ist der Vorgang aber nirgendwo historisch belegt. Ähnliche Erzählungen gibt es auch von anderen Inseln. Sie wurden wohl von langjährig abwesenden Seefahrern ersonnen, in der frommen Hoffnung, dass die Frauen daheim männlichen Nachstellungen wacker Kontra gaben.

Deichbau

1362 war das Jahr der „Mutter aller Sturmfluten" oder „Groten Manndränke". Zwar kam Föhr dabei einigermaßen glimpflich davon; die Insel ist im Ganzen überhaupt sehr stabil. Aber es hatte doch wohl einige Abbrüche gegeben, denn schon 1392 war **organisiertes Deichen** angesagt. Die Föhrer ließen sich auch willig an den Spaten führen. Es ging um die eigene Existenz, ums Überleben. Und sie schaufelten berserkerhaft einhundert Jahre lang drauflos; 1492, im Entdeckungsjahr Amerikas, war der Marschendeich vollendet, eine gewaltige Leistung. (Wirklich auf Format gebracht wurde der Föhrer Seedeich jedoch erst in den Jahren 1897 bis 1908. Weitere Nachbesserungen erfolgten in den Zwanzigern und Dreißigern des 20. Jh., und dann nochmals nach den schweren Fluten von 1953 und 1962. Der stetig steigende Meeresspiegel wird auch in Zukunft weiterhin Arbeiten an den Deichen notwendig machen.)

Reformation

Alles in allem ist von Föhr bis zum Ende des Mittelalters wenig zu hören. Man erging sich in Salzsiederei, Fischerei und Landwirtschaft, letztere nach einem genossenschaftlichen System, das offenbar ganz gut funktionierte; „arm" war man nie. Auch die Reformation zu Beginn des 16. Jahrhunderts wurde problemlos abgewickelt. Aus Utersum wird berichtet, dass der Nieblumer **Mönch Pake** wegen eines konfessionellen Disputs nach Amrum ritt, um die dortigen Insulaner der Treue gegenüber der alten Kirche zu verpflichten. Er verließ Föhr mit dem Schwur, „er wolle nicht lebendig wiederkommen, wenn er nicht die wahre Lehre verträte". Zurück auf Föhr wurde der fromme Pater vom Pferd geworfen und brach sich das Genick. Das „Gottesurteil", heißt es, besiegelte den Einzug des Luthertums auf Föhr.

Seefahrer und Abenteurer

Walfang

Zu Beginn des 17. Jahrhunderts entdeckten **holländische Seefahrer** beim Versuch, eine arktische West-Ost-Durchfahrt zu finden, den faunatischen Reichtum nördlicher Gewässer, und kurz darauf begann eine beispiellose Hatz auf Wale und Robben. Die Holländer blieben bei den Nordlandreisen führend, die zunächst die Gegend um Spitzbergen und später Grönland zum Ziel hatten.

Ab ca. 1640 bemannten sie ihre **Schiffe mit nordfriesischen Insulanern,** die nicht nur sprachverwandt waren, sondern auch traditionell erstklassige Seeleute abgaben. Den Rekrutierten pass-

te das ausgezeichnet ins Konzept, denn die Inselkassen waren leer. Der Hering, von dessen Fang man vorher überwiegend gelebt hatte, war plötzlich ausgeblieben, und man sah sich gerade nach neuer Beschäftigung um. Alsbald war ein großer Teil der männlichen Inselbevölkerungen, allen voran die Föhrer, unterwegs in die Kälte.

Die Walfänger, unter ihnen Knaben im Alter von 10-12 Jahren, segelten in der Regel um den Petritag (22.2.) mit kleinen Schmackschiffen von zu Hause ab und gingen in Amsterdam, später auch Hamburg, Kopenhagen und England, an Bord der Nordlandfahrer, um im Spätsommer zurückzukehren. Oder auch nicht, denn **viele Walfänger kamen nicht zurück.** Zahlreiche Walfangschiffe „blieben" im Eis, allein 134 deutsche und holländische Fahrzeuge zwischen 1680 und 1689; andere wurden sogar von Piraten gekapert. Immer wieder auch kam es zu tödlichen Unfällen, denn die Jagd auf das größte Tier der Welt in einer harschen Umwelt war kein Picknick. Auf Föhr mehrten sich deshalb die Witwen und Waisen.

Andererseits brachte der Walfang für jene, die sich behaupten konnten, gutes Geld. Im 18. Jahrhundert gelang es manchen Föhrern, zu „Commandeuren" (Kapitänen), Steuerleuten und Harpunieren aufzusteigen und zu **relativem Wohlstand** zu kommen. Die gesamte Walfang-Epoche wird daher auch das „Goldene Zeitalter" genannt. Vieles aus dieser bewegten Ära ist heute noch antiquarisch und museal zu betrachten. Ganz gewiss holten sich nur die allerwenigsten Walfänger damals goldene Nasen. Aber es war ein wildes, freies und abenteuerliches Leben voller gefährlicher Lockungen, zu dem es die meisten Seemänner stets aufs Neue hinauszog.

Handelsschifffahrt

Gegen Ende des 18. Jahrhunderts wurden die **Wale immer weniger.** Zu hemmungslos und raubgierig hatte man in diesem frei verfügbaren Lebendreservoir gewütet, als dass es lange so hätte weitergehen können. Auf den nordfriesischen Inseln machte sich nun der Schmalhans breit, zumal während der endlosen Abwesenheit der Männer die Landwirtschaft zwangsläufig ziemlich arg vernachlässigt worden war.

Als Alternative bot sich jetzt die **„Kauffahrtei"** an, die in kleinem Stil schon vorher ein Wirtschaftsfaktor gewesen war, doch mit der rasch wachsenden deutschen, namentlich Hamburger Flotte jetzt große Zahlen fähiger Seemänner benötigte. Der Übergang vollzog sich innerhalb von zwei Generationen. Föhrer Seeleute waren alsbald auf Schiffen aller Flaggen zu finden. Kein Ozean, auf dem sie nicht heimisch waren, kein Hafen, den sie nicht kannten.

Doch wiederum „blieben" viele von ihnen. Die damalige Segelschifffahrt war vom Gefahrenpotenzial her mit kriegsähnlichen Verhältnissen zu vergleichen, die **Verlustrate unter den Seeleuten** himmelhoch. Wieder gab es gutes Geld zu verdienen, und viele Föhrer wurden erneut zu Kapitänen und Schiffsoffizieren. Aber wieder waren die höl-

Maritime Dramen

Weit mehr noch ist außer dem zelebrierten Verschollenenfall „Mary Celeste“ (s. u.) in Kirchenbüchern an maritimen Dramen nachzulesen, wie Föhrer Seeleute in aller Welt ums Leben kamen. (Der Begriff „bleiben“, heute noch verwendet, steht dabei für den Tod auf See.) Ein kleiner (wörtlicher) Auszug aus den Annalen von Süderende:

- *Ade Vollig,* †1687, navigat. in India orientalis mortuus.
- *Thorlich Tückes,* *1690, blieb 1744 mit Pay Melfsen. Die Leiche wurde auf Röm angetrieben und dort begraben. Er war sechsmal verheiratet.
- *Lavrentz Bhon,* 1713 ertrunken in Grönland.
- *Peter Olufs* *1767, auf der Reise von Hamburg nach Porto vom Blitz getroffen.
- *J. Früdd Braren,* Kommandeur, blieb 1769 mit der ganzen Mannschaft im Eise.
- *Ock Früdden* hat sein Schiff unweit Staten Hoek (Süd-Grönland) verloren und ist nebst vielen anderen allda auf einer unbewohnten Insel 1777 im Oktober gestorben.
- *Brar Olufs,* *1789, verunglückt 1841 auf der Reise nach La Guaira.
- *Oluf Namens,* 1800 Schiffbruch, bei Dünkirchen ertrunken.
- *Friedrich Riewert,* *1801, war an Bord des Schiffes, als sein Vater ertrank, bekam einen Nervenschock und ist sein Leben lang geistesschwach geblieben. Er trug immer Zylinderhüte.
- *Peter Rörden* und sein Bruder *Oluf,* 1804 im Orkan verunglückt bei St. Lucas.
- *Oluf Ocken,* †1823, auf der Rückreise von Grönland. Seine Leiche wurde auf Eis mitgenommen und in der Nordsee einem Blankeneser Fischer übergeben.
- *Boh Arfsten,* †1825, beim Bergen von Strandgut nach der Flut des Jahres 1825 ertrunken. Die Volksüberlieferung berichtet von einem Gottesgericht. Der reiche Boh Arfsten hatte seine große Weizenernte gelagert, um sie später zu hohen Preisen zu verkaufen und weigerte sich, etwas an arme Leute abzugeben. Das Korn verdarb und Boh musste es zu nächtlicher Zeit ins Watt fahren. Bei der großen Flut wurde er an der gleichen Stelle von eindringendem Wasser überrascht. Zwei junge Leute in einem Backtrog wollten ihn wohl gegen entsprechende Entschädigung retten. Der geforderte Preis war ihm aber zu hoch und er ist ertrunken.

- *Jürgen Olufs,* 1835 auf der Reise von Wismar nach Amsterdam Leben und Schiff verloren.
- *Peter Hinrich Ketels,* *1836, †1876, war Steuermann mit einem Oevenumer Kapitän auf Schiffen in der Ostindienfahrt. Das Schiff strandete an einer unwirtlichen Küste Vorderindiens und er musste dort lange von Muscheln und anderem Getier leben. Er kam gemütskrank nach Hause.
- *Göntje Sönken,* †1838, über Bord gefallen bei New Orleans.
- *Rickmer Rickmers* verunglückte 1839 zur See bei New York.
- *Ocke Hinrich Friedrichs,* †1845, an der Küste von Jütland über Bord gegangen.
- *Roluf Brar Olufs,* †1857, zu St. Thomas am gelben Fieber.
- *Lorenz Ocke Bohn,* *1841, als junger Seemann bei Kap Horn über Bord gefallen.
- *Rickmer Jürgen Jappen,* 1842 über Bord gefallen auf der Rückreise von Straat Davids [West-Grönland].
- *Komm. Hinrich Knudt Hinrichsen,* verlor im Sommer 1854 12 Mann seiner Besatzung, darunter 7 Föhrer.
- *Boy Jan Bohn,* †1857 in Acapulco am gelben Fieber.
- *Erich Arian Lorenzen,* †1858 in Rio de Janeiro am gelben Fieber.
- *Riewert Rol. Nissen,* †1865 beim Baden im Hafen von Narva ertrunken.
- *Riewert Roluf Arfsten,* †1868 in Buenos Aires an der Cholera.
- *Riewert Rörden,* ging 1868 in Ostindien mit Mann und Maus unter.
- *Nickels Bohn,* erkrankte auf der Reise von Hongkong nach Saigon am Klimafieber, starb (1871) in einem Hospital.
- *Ocke Adolph Friedrichs,* †1871, in Bangkock, in Folge eines Unglücksfalles.
- *Julius Ferd. Hinrichsen,* †1873, verunglückt auf der Reise nach Valparaiso bei Kap Horn. In der Nacht, als er bei Kap Horn über Bord fiel, soll er in der Stube des Elternhauses gewesen sein und Spuren hinterlassen haben.
- *Ernst Ketels,* †1890 aus der Takelage gefallen.
- *Ocke Rörden,* †1904, in Hankau, wo er Lotse war. Ocke kehrte nach langer Abwesenheit zum Besuche zurück und sicherte sich eine Grabstelle. Seine Leiche wurde nach seinem Tode von China überführt.
- *Magnus Christian Rickmers,* †1941, geblieben im U-Boot.

zernen Schiffe mit den eisernen Männern darauf schreckliche Witwenmacher. Auf Föhr wurden damals viele Tränen vergossen.

Reisen bildet

Man sollte denken, dass die insulare Enge, die harte Disziplin im Bordleben der Seefahrer und die berüchtigte friesische Sturheit dazu beitrugen, sehr engstirnige Charaktere heranzubilden, dass man auf Föhr zu allen Zeiten Menschen mit einem der Kleinheit ihrer Insel entsprechenden, briefmarkengroßen **Weltbild** vorzufinden erwarten durfte. Doch genau das Gegenteil ist der Fall. Die Föhrer Seefahrer brachten aus aller Welt Erfahrungen und Anschauungen mit, sortierten aus, was ihnen nicht in den Kram passte und ordneten den Rest in ihr eigenes Leben ein. Um 1800 sah das dann (in Wyk) so aus, vom Poeten *A. v. Essen* folgendermaßen beschrieben:

„Im Sommer ist die ganze Insel männerlos. Die Männer verstehen nur zur See zu fahren. Das weibliche Geschlecht versieht alle häuslichen Arbeiten. Es pflüget, es säet, es erndtet, und fährt die Männer zu Kirche, wenn sie zu Hause sind. Sie steigen wie die Herren vom Wagen, und die Weiber sorgen für die Pferde.

Die Männer auf Föhr haben viel Kern, und wenig Schaale. Sie gehören nicht zu den Geschöpfen, die dort am liebsten leben, wo sie geheckt sind. Der Knabe von zwölf Jahren nimmt den Quersack auf den Rücken, und wandert im Frühjahr den nächsten großen Seestädten mit seinen Landsleuten zu. Er wird Schiffsjunge, dann Matrose, und wenn er alle Meere durchfahren hat, und in der Schiffahrtskunst unterrichtet ist, so wird er Steuermann und Schiffer.

Die angenehmste Unterhaltung findet man bei dem Postmeister *Lobsen*. Hier sieht man die Seemänner versammelt, und man merkt es bald, daß sie ein Stück des Erdballs gesehen, und Eigenthum erworben haben. Im Winter besuchen sie ihre Frauen, und den Postmeister *Lobsen,* wo sie Zeitungen lesen, oder trinken, oder ihre letzte Reise erzählen. Frägt man nach Cypern, nach Tunis, nach Venedig, nach Boston, Batavia, Petersburg, London; frage man, wonach man will, so finden sich hier Männer, die als Augenzeugen von Allem Nachricht geben.

Sie haben das weibliche Geschlecht nicht in Spinnstuben, das männliche nicht im Dorfe kennen gelernt. Sie kennen einen Theil der rohen und gesitteten Menschen aller Länder, aller Welttheile. Die braunen, die schwarzen, die kupferfarbenen, die weißen Menschen haben ihre Sitten, ihre Begriffe, ihren Charakter originell gebildet."

Eine vorzügliche Schilderung, noch heute auf Seefahrer und andere weit gereiste Menschen zutreffend!

Preußen und Krieg

1864 erklärten Österreich und **Preußen** dem Großdänischen Reich den Krieg. Glücklicherweise traten Föhrs Ossis und Wessis trotz mancher konträren politischen Auffassung nicht gegeneinander an; es handelte sich ohnehin um einen „Blitzkrieg", der schnell vorüber ging. Doch danach war man plötzlich preußisch – was keinem Föhrer behagte. Vor allem hatte man nie etwas mit **Militärdienst** für irgendwelche fernen Herren am Hut gehabt. Jetzt wurde man von arroganten Bürokraten umhergeschubst, und es dauerte nicht lange, da war schon der nächste Krieg da. 1870 ging's forsch gegen Frankreich, und weil die Föhrer inzwischen Preußen geworden waren, fielen auch sie der Wehrpflicht anheim und mussten für eine Sache kämpfen, die sie nicht als die ihre betrachteten. Die Resonanz ließ nicht auf sich warten. Die Föhrer begannen auszuwandern.

Auswanderung

„Incertum quo fata ferunt – ungewiss ist, wohin das Schicksal uns trägt". So steht's im Wyker Stadtwappen, ein Spruch, der den Wandertrieb der Insulaner auf den Punkt bringt. Man hat den großen **Föhrer Exodus** mit jenem Irlands vergli-

Die Tragödie der „Mary Celeste“

Immer wieder hört man bei Katastrophen im Transportwesen von einem Glückspilz, der das untergegangene Schiff, das abgestürzte Flugzeug, den entgleisten Zug nicht mehr erreicht hatte und deshalb mit dem Leben davongekommen war. Und das zumeist aus ganz trivialen Gründen. Der Wecker hatte nicht geklingelt, man war auf der Seife ausgerutscht, oder man hatte den falschen Kalendertag erwischt...

Ein solcher Glücklicher war der Föhrer Seemann *Riewert Arian Peters,* jedenfalls laut einer Eintragung in Süderender Kirchenbüchern. Seltsamerweise befindet sich nirgendwo anders in dem voluminösen Quellenmaterial zu der nachstehend geschilderten Tragödie ein solcher Vermerk. *Peters* scheint drauf und dran gewesen zu sein, 1872 in New York auf der amerikanischen Brigg „Mary Celeste“ als Matrose anzumustern, wurde jedoch krank und musste zurückbleiben. Der Segler lief am 7. November jenes Jahres von New York mit Bestimmung Genua aus. Seine Ladung bestand aus 1700 Fässern Rohalkohol und an Bord befand sich eine Mannschaft von fraglos tüchtigen Seeleuten, darunter zwei weiteren Matrosen von der Insel Föhr, *Boy* und *Volkert Lorenzen* aus Utersum, und einem, *Arian Martens,* aus Süddorf auf Amrum. Geführt wurde das Schiff von *Kapitän Benjamin S. Briggs,* der seine Frau und ein kleines Kind mit an Bord hatte.

Am 4. Dezember sichtete die ebenfalls amerikanische Bark „Dei Gratia“ östlich der Azoren die „Mary Celeste“. Das seltsame Aussehen des Seglers gab Veranlassung, ein Boot zur Untersuchung hinüberzuschicken. Dabei stellte sich heraus, dass sich kein Mensch auf dem Geisterschiff befand. Alles deutete überdies darauf hin, dass die Besatzung offenbar in großer Eile das Fahrzeug verlassen hatte.

Unter Steuermann *Oliver Deveau* wurde die „Mary Celeste“ nach Gibraltar eingebracht und der dortigen Admiralität als Bergungsfall überstellt. Diese Aktion war der Auslöser einer Lawine von Mutmaßungen und Verdächtigungen, die, genährt von der fruchtbaren Phantasie des britischen Untersuchungsrichters *Flood,* sich zuletzt ins Uferlose steigerten. Von Mord, Totschlag, Meuterei, alkoholischen Ausschweifungen, Meeresungeheuern und Versicherungsbetrug war die Rede – ein gefundenes Fressen für den internationalen Zeitungs-

markt, der Fakt und Fiktion immer weiter vermengte, bis beides nicht mehr zu trennen war. Neuen Zündstoff erhielt die gerade verebbende Affäre, als sich der berühmte Autor *Conan Doyle* („Sherlock Holmes") 1883 des (von ihm fehlbuchstabierten) Falls „Marie Celeste" annahm und ihn mit noch mehr Legende verquirlte. An seine Version, nach der ein Weiße hassender Mulatte die ganze Crew umbrachte, glauben manche Föhrer heute noch; möglicherweise passt der „böse Neger" gut ins eigene Weltbild. In Wahrheit bestand die Mannschaft ausnahmslos aus Weißen.

Realistischere Betrachter vermeinen, dass die Ladung der „Mary Celeste" wahrscheinlich alkoholische Dämpfe entwickelte; mehrere Fässer waren nachweislich ausgelaufen. Womöglich kam es sogar zu einer Verpuffung. Das beunruhigende Geschehen veranlasste die Besatzung offenbar, vom Beiboot aus die weitere Entwicklung abzuwarten. Das geschah zweifellos bei gutem Wetter. Dann kam Wind auf; die Brigg segelte unbemannt davon und konnte nicht mehr eingeholt werden. Das winzige Bötchen fiel alsbald dem Atlantik zum Opfer. So mag's gewesen sein. Genaues wird man nie erfahren. Der Fall „Mary Celeste" bleibt weiterhin eines der ganz großen Mysterien der See.

Noch ein Föhrer Glückspilz!

Zusätzlich zum Matrosen *Peters,* der dem „Mary Celeste"-Drama womöglich entging, listen Föhrer Annalen einen weiteren Hans im Glück auf, nämlich den 1753 in Süderende geborenen und 1834 verstorbenen *Erk J. Olufs:*

„Schon früh, beinahe noch als Knabe, wie damals allgemein üblich, verließ Erk das Elternhaus um in holländischen Diensten seine erste Seefahrt anzutreten. In jungen Jahren wurde er Steuermann. Da kam der Krieg zwischen Holland und England in den Jahren 1780 bis 84 und Erk war vor die Frage gestellt, ob er wie eine Anzahl seiner Föhringer Landsleute sich für den Marinedienst anwerben lassen sollte. Erst als seine Ersparnisse aufgebraucht waren, begab er sich zu anwerbenden Stellen und fragte, ob er gleich nach Beendigung des Krieges wieder entlassen werde. Da er eine ausweichende Antwort erhielt, verschob er die Entscheidung, wanderte mutlos wie an manchen Tagen vorher zum Hafen und traf dort einen dänischen Kapitän, der durch Krankheit mehrere Mann seiner Besatzung verloren hatte. Dieser bot ihm eine Stellung an, einerlei ob Obersteuermann, Untersteuermann oder Bootsmann und wunderte sich sehr, daß Erk den Posten des Bootsmannes wählte. Befragt erklärte er, als Steuermann habe er nur auf holländischen Schiffen gefahren und müsse sich erst auf dänischen einleben. Auf der Nordsee erkrankte der Kapitän und beide Steuerleute und der Bootsmann führten das Schiff nach Kopenhagen. Dort begann er sogleich die Ladung zu löschen. Unter dem

chen, und da ist wohl etwas dran. Hier wie dort wurden die Einheimischen von fremden Herrenmenschen gegängelt, hier wie dort ging es der Wirtschaft schlecht. Schon gleich nach dem Krieg gegen Dänemark setzte die erste Emigrationswelle ein, später kamen weitere Schübe dazu. Man darf sich allerdings keine riesigen Heerscharen darunter vorstellen, denn im 19. Jahrhundert bewohnten gerade mal durchschnittlich 5000 Menschen die Insel. Immerhin aber die Hälfte dieser Zahl wanderte ab.

Stückgut befand sich ein Faß Mandeln, in welches Ratten ein Loch gefressen hatten. Eine Anzahl von Mandeln fielen beim Entladen aufs Deck. Der inzwischen erschienene Eigentümer – Fiedler war sein Name – rügte dies scharf und verlangte, die Mandeln sollten wieder aufgelesen werden. Erk wies diese Zumutung energisch zurück, weder er noch seine Matrosen hätten jetzt Zeit sich mit derartigen Kleinigkeiten abzugeben, ließ Fiedler stehen und ging in die Stadt. Als er später zurückkam, fand er Fiedler beim Kapitän und meinte, als ersterer das Schiff verlassen hatte, ob der Kerl sich wegen seiner Mandeln noch nicht beruhigt hatte. ‚Sage nur nichts auf den Kaufmann Fiedler', erhielt er zur Antwort, ‚der meint es gut mit Dir und will Dich zum Kapitän machen. Dein energisches Auftreten hat ihm sehr gefallen.'

Der junge Kapitän machte immer schnelle und glückliche Reisen zur Hauptsache im Mittelmeer und genoß daher in Seemannskreisen großes Ansehen. Im Alter von 47 Jahren gab er die Seefahrt auf und richtete sich in Süderende ein Kaufmannsgeschäft ein.

Erk war einer der erfolgreichsten Kapitäne des Kirchspiels und der Begründer des Vermögens der Familie Roeloffs. (Er nannte sich Diedrich Roeloff und war Danebrogmann.) Er war der Geldgeber Westerland-Föhrs und über die Gemeinde hinaus die einflußreichste Persönlichkeit seiner Zeit.

Seinen 1801 geborenen Sohn nannte er Christian zu Ehren seines früheren Reeders Christian Friedrich Fiedler. Silberne Löffel, die dieser als Patengeschenke übersandte, befinden sich noch in der Familie."

Aus dem Süderender Kirchenbuch

Auswanderungsziel waren die **USA.** Die meisten zog es nach Petaluma in der Nähe von San Francisco, das irgendwie einen magischen Klang gehabt haben muss, nachdem erste Föhrer dort eine Heimat gefunden und mit zahllosen Hühnerfarmen zum „Eierkorb der Welt" ausgebaut hatten. Ein Föhrer belieferte sogar das Zuchthaus San Quentin als Monopolist mit Eiern und verdiente gutes Geld bei diesem Geschäft. Viele blieben in New York hängen, andere gründeten in Jacksonville (Florida) eine Föhrer Kolonie oder verteilten sich sonstwo in den Staaten. Heute leben in den USA mehr Föhrstämmige als auf der Insel selbst, zumal zahlreiche weitere Insulaner in den Notzeiten nach den beiden Weltkriegen Föhr den Rücken gekehrt hatten.

In jüngerer Vergangenheit haben Auswanderer jedoch auch wieder **nach Föhr zurückgefunden.** Der „Delicatessen-Store“ in der Bronx, die Föhrer Kameradschaftsvereine und Freundschaftslogen in der Diaspora, die ganze Tümelei – das alles reichte manchen nicht, um die Nostalgie nach der grünen Nordseeinsel in Deutschlands matschigster Ecke auszulöschen. Die Dollars waren „gemacht“, und mit denen in der Tasche reiste man wieder heim. Manche Rückkehrer kauften sich Bauernhöfe, die mit viel Arbeit verbunden waren. Egal – Hauptsache, zu Hause. Nirgendwo in der Welt ist es so schön.

Wyk wird Seebad

Anfänge

Zu Beginn des 19. Jahrhunderts sah es auf Föhr nicht gerade rosig aus. Die napoleonischen Kriege hatten die kontinentale Wirtschaft darniedergelegt; Dänemark erklärte 1813 den Staatsbankrott. Da gab es nur einen Ausweg, den Fremdenverkehr! Auf anderen Inseln boomte der Tourismus bereits, warum nicht auch auf Föhr? So argumentierte der Gerichtsvogt *von Colditz,* wenn auch die Insulaner die Sache äußerst misstrauisch angingen – Baden in der See? Doch schon 1819 wurde in Wyk ein **Seebad gegründet,** das auf Anhieb 61 Kurgäste anlockte und damit seine Zweckmäßigkeit unter Beweis stellte. Flugs wurden auch drei vierrädrige Badekarren nach englischem Vorbild geordert, damit die Gäste züchtig ins Wasser gerollt werden konnten, und 40 Wyker Familien stellten in ihren Häusern Quartiere zur Verfügung. Jetzt konnte das Geschäft beginnen.

Fort-schritte

Es ließ sich auch gut an, obwohl zwei Großfeuer 1857 und 1869 halb Wyk zunächst in Schutt und Asche legten. Bis zum Krieg von 1864 favorisierte das (finanziell wieder erstarkte) **dänische Königshaus** das neue Seebad. *Christian VIII.* hatte sozusagen sein Herz an Wyk verloren. Und die Wyker mochten ihn offenbar auch, denn von 1842 bis 1847 wurde der Dänenkönig von blumengeschmückten Ehrenjungfrauen und einer Inschrift mit den Worten empfangen: „Sei willkommen uns, Innigstersehnter! Treue grüßen Dich und Liebe." Der fremde Herrscher soll über die Maiden ein paar weniger innige Bemerkungen gemacht haben. Doch immerhin stiftete er im Gegenzug seinen Wykern diverse Bäume für eine Anpflanzung auf dem Sandwall. Ein durchaus sinnvolles Geschenk, denn die Ulmen standen dort sehr lange, bis sie leider in den vergangenen Jahren dem Ulmenkäfer zum Opfer fielen.

Nach dem Seitenwechsel 1864 setzte die preußische Hautevolee die Tradition der Föhrbesuche fort. Wyk war beliebt. Bis 1835 waren schon insgesamt 2000 **Badegäste** dort gewesen und es wurden immer mehr. Bald musste man auch nicht mehr mühsam hinübersegeln, sondern konnte auf schmucke **Dampfschiffe** umsteigen. 1883 stritten sich bereits drei Linien um diesen Kuchen, von dem sich die Wyker Dampfschiffs-Reederei (W.D.R.) letztlich die dickste Scheibe abschnitt und diese bis heute als Monopolist behielt. Diese Gesellschaft baute auch aus eigener Initiative die Bahnlinie Niebüll – Dagebüll und betreibt sie privat bis in die jetzige Zeit.

Zur Wende ins 20. Jahrhundert hatte man überdies den **Heilwert des Nordseeklimas** erkannt, nachdem schon 1883 ein „Kinderhospiz" und 1898 ein „Nordsee-Sanatorium" entstanden waren. In rascher Folge wurden jetzt diverse **Kureinrichtungen** aus dem Boden gestampft, die sogar möglich machten, dass Wyk während des 1. Weltkrieges seinen Badebetrieb (als einziges Nordseebad) aufrecht erhalten konnte. Und danach stellte sich zunächst einmal die erneute Frage, ob man wieder dänisch werden oder deutsch bleiben wollte. Darüber wurde per Plebiszit abgestimmt.

Auf ewig deutsch

Manche Föhrer, vornehmlich die des Westerlandes, erinnerten sich noch wehmütig daran, dass man es unter der wohlwollenden dänischen Oberhoheit eigentlich ganz gut gehabt hatte. Und gerade jetzt, 1920, ging es den Dänen weitaus besser als den darbenden Deutschen mit ihrem verlorenen Krieg. Überall in Deutschland, auch auf Föhr, wurde Notgeld herausgegeben, weil man kein anderes hatte; es war halt eine Zeit der Not. Dennoch wurde mit großer Mehrheit **für den Verbleib im Deutschen Reich gestimmt.**

Die Quittung für das Votum gab es 19 Jahre später, als Deutschland erneut einen **Krieg** vom Zaun brach und vielen Föhrern darin das Wertvollste genommen wurde, das sie besaßen, nämlich ihr Leben.

Notgeldschein

Vor dem Krieg hatte der Fremdenverkehr über die „Kraft-durch-Freude"-Bewegung noch starken Auftrieb erfahren. **Nach dem Krieg** gab es, obwohl die Insel selbst so gut wie gar nicht gelitten hatte, weder Kraft noch Freude mehr. Stattdessen stellten sich große Scharen von Vertriebenen und Ex-Kriegsgefangenen ein, die nicht gerade warm willkommen geheißen wurden. Aber da die Inselfriesen in historischen Einwanderungszeiten selbst einmal Asylanten gewesen waren, machten sie notgedrungen gute Miene dazu.

Es gab eh schon bald wieder etwas zu lachen. Der **Fremdenverkehr** begann nämlich erneut zu brummen und nahm bei schnell steigender Beliebtheit der nordfriesischen Inseln immer erfreulichere Dimensionen an. Bereits 1954 wurde Wyk Nordseeheilbad. Zwar musste in Erwartung großer Dinge noch einiges investiert werden. Insbesondere Strandaufspülungen erwiesen sich als nötig und die Wyker Hafenanlagen bedurften ebenfalls diverser Verbesserungen. Das wurde erledigt. Jetzt konnten die Gäste kommen – und sie kamen und kommen bis heute.

052ha-foe Foto: rh

Die Natur

Das Wattenmeer

Föhr liegt mitten im Watt. Wohin man bei Ebbe auch blickt: Überall dehnen sich glänzende Flächen Meeresboden, den eben noch die See bedeckt hatte und der jetzt – eine Zeit lang zumindest – „Festland" ist. Die Hallig Langeneß, südlich von Wyk gelegen, könnte **bei Niedrigwasser** mit Föhr verbunden sein, ebenso Amrum im Westen, so solide sieht das Watt dazwischen aus und so trügerisch gering die Distanz. Nur stellenweise wird es von Fahrrinnen durchzogen, in denen sich die Fähren und andere Schiffe wie auf Landstraßen dahinbewegen.

Ansonsten bewegt sich im Watt – von Vögeln und Seehunden einmal abgesehen – nicht viel. Es erscheint als leblose **Einöde,** zumal nichts augenfällig Pflanzliches auf ihm gedeiht. Wie sollte es auch – gleich kommt die Flut wieder.

„Da lebt doch was!"

Zahlreiches Getier

Und dennoch ist diese amphibische Landschaft **eines der am dichtesten belebten Biotope der Welt** – nur dass sich die meiste Aktion unter seiner Oberfläche abspielt. Jede Flut liefert dieser seltsamen platten Welt große Mengen feiner Sink- und Schwebstoffe und lagert sie aufbauend ab. An dieser Urbrühe (die übrigens aus den fernen Kontinentalgebirgen stammt) delektieren sich Milliarden von Lebewesen, manche mikroskopisch klein.

Kieselalgen messen gerade mal 0,02 mm Länge, und weit über eine Million von ihnen bewohnen eine briefmarkengroße Fläche. Das sind genau die richtigen Häppchen für die nächstgrößeren Organismen: winzige **Schlickkrebse,** bis zu 40.000 auf einem Quadratmeter Wattenboden, und klitzekleine **Wattschnecken,** die diese Zahl noch um das zweieinhalbfache übertreffen. Weitere Schnecken und Muscheln finden ebenfalls Rosinen in diesem Sandkuchen, während diverse Arten von Würmern sein Inneres anbohren und dort zu stattlichen Dimensionen gedeihen.

So der bis zu 20 cm lange **Pierwurm,** dessen wurstige Auswürfe an der Oberfläche zu sehen sind und mithin doch auf Lebewesen hindeuten. Wissenschaftler, die ja immer alles ganz genau wissen wollen, sprechen von Kot- und Wohngängen, aber ein anderer Sachkenner weiß viel besser über die Verhältnisse Bescheid: der Austernfischer, der seinen Schnabel immer genau dorthin sticht, wo der Pierwurm sich verbirgt.

Und wenn man jetzt mit geschärften Sinnen in die Runde hört, fällt einem auch auf, dass überall etwas wispert und knistert, das nicht von totem Material herstammen kann: sogenannte **Wattengeräusche.** Der Schlickkrebs erzeugt sie größtenteils, indem er Wasserhäutchen zwischen seinen Fühlern platzen lässt. Sein unterirdischer Gang verstärkt dieses „Popp“ viele Male. Das scheint ihm Spaß zu machen, dem Schlingel. Und das 40.000 Mal pro Quadratmeter, eine riesige Rasselbande. Für „des gärenden Schlammes geheimnis-

053ha-foe Foto: rh

vollen Ton" hielt *Theodor Storm* diese Geräuschkulisse, und so ganz daneben lag er damit ja auch nicht.

Einmaliges Watt

Die Nordseeanrainer sind sehr stolz auf „ihre" Watten. Doch sie gehören ihnen gar nicht, und insofern ist es schon gut, dass durch die Schaffung des Nationalparks Wattenmeer (s. u.) Klarheit über die Eigentumsverhältnisse geschaffen wurde. Nicht unerwähnt bleiben darf im Zeichen dieses Lokalpatriotismus ebenfalls, dass es Watten auch anderswo auf der Welt gibt, sogar in den Tropen. Wahr ist dagegen, dass nur an der Nordsee eine **Wattenlandschaft von dieser Größe und Art** existiert. Sie ist einmalig auf Erden. Hier allein gibt es etwa 250 Tierarten und Ökotypen, die sonst nirgendwo vorkommen, also „endemisch" sind. Auch haben wichtige Speisefischarten wie Schol-

Reusen im Watt bei Goting

le, Seezunge und Hering im Wattenmeer ihre Kinderstube, ebenso die schmackhafte und teure Nordseegarnele. Die Vielfalt des Kleingetiers lockt wiederum Tausende und Abertausende von Vögeln an – gleich mehr zu ihnen –, die im Bereich des Wattenmeeres ideale Nahrungs-, Brut- und Rastbedingungen finden. Ein enorm lebensbejahendes Stück Erde also, jeweils sechs Stunden dem Land und dem Wasser gehörig.

Bleibt es dabei? Nicht nur drohen dem Watt die zahllosen menschengemachten **Gefahren,** von denen bereits die Rede war. Langfristig könnte ihm auch eine katastrophale Metamorphose ins Haus stehen, von der man sich noch gar keinen rechten Begriff macht. Steigt der Meeresspiegel weiterhin wie jetzt, wird das Watt eines Tages, in hundert Jahren vielleicht, permanent überflutet und ganz ordinärer Meeresboden sein.

Nationalpark Schleswig-Holsteinisches Wattenmeer

Einrichtung In den Jahren 1985-86, im Anschluss an eine bereits erfolgte, aber nicht sehr wirksame Unterschutzstellung im Jahre 1974, wurde der mit 285.000 Hektar die Fläche des Saarlandes übertreffende Nationalpark Schleswig-Holsteinisches Wattenmeer eingerichtet. Wie vorstehend beschrieben wurde, war trotz heftiger Proteste der Küstenbewohner diese **Maßnahme bitter vonnöten,** der durch die 2009 erfolgte Eingliederung ins Weltnaturerbe der UNESCO sozusagen der Punkt aufs i versetzt wurde.

Einer der für die Etablierung des Parks mit ausschlaggebenden **Gründe** war ein Plan umnachteter Unternehmer, im Inselverkehr donnernde Luftkissenboote über das Watt preschen zu lassen. Dieses Vorhaben brachte das Fass der zahllosen Versündigungen zum Überlaufen und ließ die Uhr sozusagen auf fünf vor zwölf vorschnellen.

Ruhezone

Die nordfriesischen Inseln beziehen (im Gegensatz zu ihren ostfriesischen Schwestern) **keine insularen Landgebiete** in den Park mit ein. Das mag sich auf einigen Eilanden in Zukunft ändern, auf Föhr wegen der intensiven agrikulturellen Nutzung aber wohl nicht.

Die Schutzzone 1 (= Ruhezone) des Parks, deren Betreten verboten ist, stößt an einen großen Bereich der **Nordküste der Insel,** setzt sich jedoch nicht über den Deich ins Innere fort. Dort, vor dem Seedeich, befinden sich Strandstreifen, Priele sowie ausgedehnte Watten und Salzwiesen – ein wahres Vogelparadies, das Tausenden von Fliegern ein Heim bietet oder von ihnen jährlich besucht wird.

Die Ruhezone definiert sich als Gebiet der **höchsten Schutzintensität,** das ganzjährig nur auf zugelassenen und entsprechend ausgewiesenen Wegen betreten werden darf, weil hier die empfindlichsten Landschaftsteile, Pflanzen- und Tierarten zu finden sind. Da es in dem Areal im Norden Föhrs keine solchen Wege gibt, muss man außen vor bleiben. Wer sich darüber hinwegsetzt, kann eventuell von Rangern aufgegriffen und empfindlich zur Kasse gebeten werden.

Zwischenzone

Die **übrigen Inselküsten** grenzen in ihrer Gesamtheit an die Zone 2 (= Zwischenzone). In dieser sind „alle Handlungen verboten, die den Charakter des Landschaftsbildes beeinflussen und den Naturgenuss beeinträchtigen können" – ein Grund, weshalb man im Süden Föhrs nicht mit lärmigen Motorbooten umherdüsen darf.

Für die **Annäherung an Wildtiere** gelten hier die Einschränkungen der Zone 1; es ist also nicht statthaft, die Lebensräume von Vögeln oder Seehunden aufzusuchen, auch nicht, um sie „nur" mal eben zu filmen oder zu fotografieren. Jagen und Fischen ist in beiden Zonen, versteht sich, drastisch limitiert, wenn auch im Bereich 2, siehe „Angeln", nicht gänzlich ausgeschlossen.

Das **Betreten** der Zwischenzone ist der Definition nach zulässig, und man kann deshalb zum Beispiel nach Amrum hinüberwandern, ohne gegen eine Bestimmung zu verstoßen.

Küstenflora

Tange

Überall an den Wattenküsten findet sich Treibsel diverser Tange, allen voran die grünen Miniballons des **Blasentangs,** die von der See aus ihrer Verankerung gerissen wurden. Keine Panik, falls Kinder daran herumkauen sollten – Blasentang ist nicht giftig, sondern eher mit seltenen Vitaminen („K“) angereichert und womöglich voller gesunder Eigenschaften. Ein Ähnliches gilt für den **„Meersalat“,** dünne Blätter von intensiv grüner oder brauner Farbe, die zumeist platt auf dem Sand liegen. Diese Alge (Ulva) wird in anderen Ländern sogar verspeist.

Harmlos: Blasentang

Salzwiesen Die Mehrzahl der Gewächse ist jedoch etwas fürs Auge und nicht für den Magen. Im Bereich der Salzwiesen bildet die **Strandgrasnelke** im Frühjahr rosa Blütenmeere und von Mai bis Oktober entfalten **Strandflieder und -astern** ihre violette Pracht. **Rotschwingel, Meerstrandsmilchkraut** und **Strandbeifuß,** um nur ein paar weitere Salzwiesenbewohner zu nennen, tragen zu farblicher Vielfalt bei.

Versteht sich, dass man diese Pflanzen nicht pflücken noch anderswie beschädigen darf, denn fast alles, was vor dem Deich wächst, steht unter **Naturschutz.** Im ganzen Wattenmeerbereich ist der Anteil an Salzwiesen durch die übliche leidige Kultivation, wobei noch auf den letzten Quadratmetern ein paar Schafe angesiedelt werden müssen, stark zurückgegangen. Der Erhalt dieser einzigartigen Vegetationszone ist deshalb erklärtes Ziel der mit der Naturerhaltung Betrauten.

Die Föhrer Vogelwelt

Vielfalt Die weiten Wattgebiete, gut entwickelte Salzwiesen und das von zahllosen Gräben durchzogene Binnenland Föhrs bilden in ihrer Gesamtheit ein für Vögel ideales und von diesen offensichtlich sehr geschätztes Habitat. Es dient vielen Arten als **Brut-, Rast- und/oder Überwinterungszone,** besonders den Strand- und Wattvögeln mit Einschluss von Seeschwalben, Austernfischern und Rotschenkeln. Dazu gesellen sich Eiderenten, Ringel- und Brandgänse. In riesigen Schwärmen macht zweimal im Jahr auf dem Hin- und Rückflug zwischen Sibirien und Westafrika der Knutt Station, ein quicklebendiger kleiner Bursche. Insgesamt beherbergen Watt und Wiesen in diesen Zeitabständen bis zu 1,3 Millionen Vögel verschiedener Arten.

In den Marschen leben selten gewordene **Spezies** wie Feldlerchen, Grauammern, Wiesenpieper, das Rebhuhn und der Fasan. Und last not least

gilt Föhr offenbar den Schwalben als Paradies. Nicht nur gibt es in jedem Bauernhof Dutzende von Nestern. Sogar – man achte mal darauf! – in den Buswartehäuschen haben sich die Piepmätze in großen Zahlen angesiedelt und gehen dort ohne Furcht ihren Brutgeschäften nach. Heile Welt!

Mutige Kämpfer

Dort, wo sie ganz offiziell geschützt ist, bleibt die Vogelwelt aber lieber unter sich. Wer auch nur an die Grenze ihrer Gehege gerät, muss sich lautes Geschimpfe und gefährlich anmutende Scheinattacken gefallen lassen – „hau ab, du gehörst hier nicht hin!" Es sind vor allem **Silbermöwen,** die an diesen Angriffen beteiligt sind, aber auch die kleineren **Lachmöwen** (mit den schokoladenbraunen Kopfmasken) machen mutig dabei mit.

Rotschenkel mit ihren roten Socken bleiben dagegen ganz ungerührt. Sie lassen einen Menschen an sich herankommen, bis er sie fast greifen kann; dann fliegen sie, ständig den Überblick behaltend, gerade mal ein Stückchen fort. Nicht weit entfernt

Flatterhaftes Völkchen: Silbermöwen

Drehscheibe Wattenmeer

Das Wattenmeer wird alljährlich regelmäßig von 6-10 Millionen Zugvögeln aufgesucht, vornehmlich Wasser-, Wat- und Küstenvögeln aus arktischen und subarktischen Brutgebieten. Sie benützen das Wattenmeer entweder als Winterquartier oder als „Tankstelle" zum Auffüllen ihrer Energiereserven für den Weiterflug, sei es im Herbst in die südlicheren Winterquartiere oder im Frühjahr in ihre nordischen Brutgebiete. Weitere Möglichkeiten zur Zwischenrast und zum Auffüllen der Energiereserven für die oft mehrere tausend Kilometer langen Nonstop-Flüge gibt es kaum. Dies unterstreicht die überragende internationale Bedeutung des Wattenmeers für wandernde Vogelarten. Sein Einzugsgebiet reicht von Nordost-Kanada bis Nordost-Sibirien und Südafrika. Das Wattenmeer ist damit eine herausragende unabdingbare Drehscheibe des Vogelzuges zwischen den arktischen Brutgebieten und südlichen Winterquartieren.

(Info-Text der Vogelwarte Helgoland)

befindet sich das Gelege, und mit dieser Strategie wird ein Eindringling davon weggelockt – gar nicht so dumm! Ganz ähnlich verhält sich im Frühjahr der **Kiebitz,** der aber sogar den Verrückten oder Flügellahmen mimt, um Feinde zu verwirren.

Silbermöwen

An den Badestränden sind vor allem die Silbermöwen präsent. Wenn sie erst einmal ihre Brutpflichten erledigt haben und die Jungen flügge sind, geben sie sich lieber in Menschennähe einträglicher Schnorrerei hin als auf die mühsame Fischjagd zu gehen. Ein großer Teil der stattlichen Vögel hat sich schon so an die Badegäste gewöhnt, dass diese aufpassen müssen, ihren Sandwich nicht aus der Hand geschnappt zu sehen. Am Nieblumer Dorfteich, wie vorerwähnt, werden Fütterer fast von permanent hungrigem Federwild begraben (siehe Bild vordere Umschlagklappe).

„Typische" Silbermöwen mit hellfarbigem **Gefieder** sind übrigens erwachsene Tiere von mehr als vier Jahren. Jüngere Exemplare sind braungrau gesprenkelt und haben dunkle (statt gelbe) Augen und schwarzgraue (statt gelbe) Schnäbel. Der Silbermöwe ähnlich sieht die Sturmmöwe, die im Gegensatz zur ersteren jedoch keinen roten Schnabelfleck hat.

Info-Wagen

Am Deich oberhalb von Oldsum befindet sich ein Info-Wagen der Schutzstation Wattenmeer. Mit dem dort stationierten **vogelkundigen Eremiten** kann man ein ornithologisch sachverständiges Gespräch führen und einen Blick durch sein Spektiv werfen, das auf dem Deich aufgebaut ist. Dazu ist der Vogelmann gern bereit. Weniger schätzt er, wenn Neugierige ungebeten in sein Gefährt eindringen und darin herumstöbern, selbst wenn er gerade die Hosen heruntergelassen hat. Ah, die Wildnis! Aber irgendwo hat sie doch ihre Grenzen ...

Vogelwartstation am Deich

Seehunde, einst und jetzt

Gejagt und dezimiert

Einst, jahrhundertelang, wurden sie ihres guten Fleisches wegen von den Insulanern gejagt. Dann, um die Wende ins 20. Jahrhundert, stellten ihnen **urlaubende Jäger** nach, die das Tun „sportlich“ fanden und sich durch das Töten eines Tieres selbst verwirklichen wollten. Außerdem gab es einen **Kopfpreis** einzuheimsen, ausgesetzt von der Berufsfischerei, die in jedem Seehund einen unnützen Fresser und Konkurrenten sah. Manche Jäger brachten seinerzeit mindestens einhundert Seehunde im Jahr um.

In „Köhler's Flotten-Kalender“ des Jahrgangs 1929 kann man nachlesen, dass sich angesichts dieser Zahlen schon damals ein gewisses **Unbehagen** breitmachte: „Sicherlich sind es mehrere tausend Tiere, die von der Emsmündung bis nach Sylt jeden Sommer zur Strecke gebracht werden. Den Naturfreund beschleicht da das bange Gefühl, daß bei der schwachen Vermehrung der Seehunde die Zeit kommen könnte, wo sie selten werden und wo durch Gesetze ein Restbestand gesichert werden müßte ...“

Katastrophe

In der Tat. Ende der 1980er Jahre wäre es auch ohne Waidmannen fast um diese Restbestände geschehen gewesen. Das **„große Seehundsterben von 1988“** resultierte in etwa 18.000 toten Tieren, deren Kadaver zumeist auf den nordfriesischen Inseln antrieben und dort mehr oder minder diskret „entsorgt“ wurden. Und zwar als „Sondermüll“, solch hohe Anreicherungen von chemischen Schadstoffen enthielt ihr Fleisch. Die Todesursache konnte anschließend als Robbenstaupe-Epidemie identifiziert werden, im Grunde etwas ganz Normales.

Ein ganz ähnliches Drama wiederholte sich 2002, und dieselbe Seuche wurde als Auslöser identifiziert. Sie raffte eine beinahe gleich hohe Zahl von Tieren dahin.

Wieder erholt

Die **Seehundpopulation** der deutschen Nordsee hat sich seither wieder gut erholt, womöglich Zeichen für zugenommene Resistenz und/oder verbesserte Wasserqualität.

Wer sich heute einer **„Fahrt zu den Seehundsbänken"** (siehe auch unter„Insel-Info, Führungen und Rundfahrten") anschließt, wie sie von Wyk aus mit dem W.D.R.-Oldtimer „Störtebeker" (erkenntlich an einem großen gelben Robbenporträt) unternommen werden, wird die possierlichen Tiere mit großer Sicherheit auch zu sehen bekommen, und zwar in eindrucksvoller Zahl. Rudel von bis zu 30 Exemplaren rasten zumeist auf den Sandbänken auf halbem Weg nach Amrum und sie sind schon derart an die Ausflugsschiffe gewöhnt, dass sie, wie ein Scherzkeks formulierte, eher beunruhigt wären, wenn keines mehr käme.

Am Strand

Auf nächste Nähe sind Seehunde weniger putzig, und wenn sie in Bedrängnis geraten, können sie **bissig** werden wie, eben, missgelaunte Hunde. Wenn man, seltenes Vorkommnis, also einmal am Strand einem Seehund begegnen sollte, ist das Motto: Hände weg! Seehunde wollen nicht „gestreichelt" werden wie Wauwi- und Menschenwelpen, sondern sehen in jedem Herannahenden einen potenziellen Angreifer.

Auch ein **Jungtier („Heuler")** darf nicht berührt werden. Mindestens 200 Meter Entfernung einhalten – das Muttertier könnte nahebei sein und nur darauf warten, den Ausreißer wieder einzufangen. Wenn sich Gelegenheit bietet, rufe man eine der im Vorspann aufgelisteten Öko-Stationen an. Ansonsten tue man am Besten gar nichts; das Problem mag sich ganz von selbst lösen.

Mitunter stößt man, namentlich an der Nordküste, auch auf einen **toten Seehund.** Ein Omen einer neuen Epidemie? Viren-Attacke? Ölkatastrophe? Wahrscheinlich nichts von alledem. Auch Seehunde müssen ja irgendwann einmal sterben. Wie wir alle.

065ha-foe Foto: rh

Anhang

Literaturhinweise

- *Detlefsen, G. U.*
Wyker Dampfschiffs-Reederei Föhr-Amrum GmbH
Detlefsen/W.D.R., Bad Segeberg/Wyk 1993.
Der Werdegang der W.D.R. (mit zahlreichen interessanten historischen Bildern).
- **Föhr erzählt**
Hansen & Hansen, Münsterdorf, k. J.
- *Krüger, Hans (Hg.)*
Amerika-Auswanderer von Föhr und Amrum, Band I
bu-bu Verlag, Wyk auf Föhr, k. J.
Ein zweiter Band erschien nicht mehr, weil der Herausgeber unglücklicherweise verstarb.
- *Kutzer, Horst* (Hg.)
Föhr – ein Lesebuch
Husum Verlag, Husum 1988
Interessante und amüsante Erzählungen aus alter Zeit.
- *Lüden, Walter*
Föhrer Seefahrer und ihre Schiffe
Verlag Boyens & Co., Heide 1989

HILFE!

Dieses Urlaubshandbuch ist gespickt mit unzähligen Adressen, Preisen, Tipps und Infos. Nur vor Ort kann überprüft werden, was noch stimmt, was sich verändert hat, ob Preise gestiegen oder gefallen sind, ob ein Hotel, ein Restaurant immer noch empfehlenswert ist oder nicht mehr, ob ein Ziel noch oder jetzt erreichbar ist, ob es eine lohnende Alternative gibt usw.

Unsere Autoren sind zwar stetig unterwegs und versuchen, alle zwei Jahre eine komplette Aktualisierung zu erstellen, aber auf die Mithilfe von Reisenden können sie nicht verzichten.

Darum: Schreiben Sie uns, was sich geändert hat, was besser sein könnte, was gestrichen bzw. ergänzt werden soll. Nur so bleibt dieses Buch immer aktuell und zuverlässig. Wenn sich die Infos direkt auf das Buch beziehen, würde die Seitenangabe uns die Arbeit sehr erleichtern. Gut verwertbare Informationen belohnt der Verlag mit einem Sprechführer Ihrer Wahl aus der über 200 Bände umfassenden Reihe „Kauderwelsch“ (Auswahl siehe unten).

Bitte schreiben Sie an: REISE KNOW-HOW Verlag Peter Rump GmbH, Postfach 14 06 66, D-33626 Bielefeld, E-Mail: info@reise-know-how.de

Danke!

Kauderwelsch-Sprechführer – sprechen und verstehen rund um den Globus

Afrikaans • Albanisch • Amerikanisch - *American Slang, More American Slang,* Amerikanisch oder Britisch? • Amharisch • Arabisch - Hocharabisch, für Ägypten, Algerien, Golfstaaten, Irak, Jemen, Marokko, • Palästina & Syrien, Sudan, Tunesien • Armenisch • *Bairisch* • Balinesisch • Baskisch • Bengali • *Berlinerisch* • Brasilianisch • Bulgarisch • Burmesisch • Cebuano • Chinesisch - Hochchinesisch, kulinarisch • Dänisch • Deutsch - *Allemand, Almanca, Duits, German, Nemjetzkii, Tedesco* • *Elsässisch* • Englisch - *British Slang, Australian Slang, Canadian Slang, Neuseeland Slang,* für Australien, für Indien • Färöisch • Esperanto • Estnisch • Finnisch • Französisch - für Restaurant & Supermarkt, für den Senegal, für Tunesien, *Französisch Slang, Franko-Kanadisch* • Galicisch • Georgisch • Griechisch • Guarani • Gujarati • Hausa • Hebräisch • Hieroglyphisch • Hindi • Indonesisch • Irisch-Gälisch • Isländisch • Italienisch - *Italienisch Slang,* für Opernfans, kulinarisch • Japanisch • Javanisch • Jiddisch • Kantonesisch • Kasachisch • Katalanisch • Khmer • Kirgisisch • Kisuaheli • Kinyarwanda • *Kölsch* • Koreanisch • Kreol für Trinidad & Tobago • Kroatisch • Kurdisch • Laotisch • Lettisch • Lëtzebuergesch • Lingala • Litauisch • Madagassisch • Mazedonisch • Malaiisch • Mallorquinisch • Maltesisch • Mandinka • Marathi • Mongolisch • Nepali • Niederländisch - *Niederländisch Slang,* Flämisch • Norwegisch • Paschto • Patois • Persisch • Pidgin-English • *Plattdüütsch* • Polnisch • Portugiesisch • Punjabi • Quechua • *Ruhrdeutsch* • Rumänisch • Russisch • *Sächsisch* • *Schwäbisch* • Schwedisch • *Schwiizertüütsch* • *Scots* • Serbisch • Singhalesisch • Sizilianisch • Slowakisch • Slowenisch • Spanisch - *Spanisch Slang,* für Lateinamerika, für Argentinien, Chile, Costa Rica, Cuba, Dominikanische Republik, Ecuador, Guatemala, Honduras, Mexiko, Nicaragua, Panama, Peru, Venezuela, kulinarisch • Tadschikisch • Tagalog • Tamil • Tatarisch • Thai • Tibetisch • Tschechisch • Türkisch • Twi • Ukrainisch • Ungarisch • Urdu • Usbekisch • Vietnamesisch • Walisisch • Weißrussisch • *Wienerisch* • Wolof • Xhosa

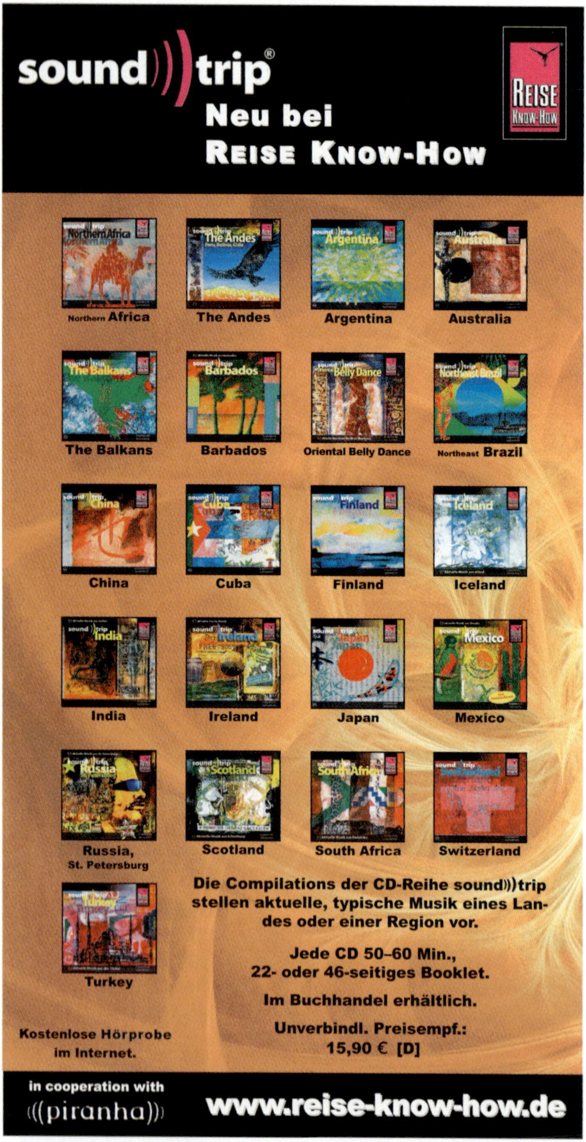
sound))trip®
Neu bei
REISE KNOW-HOW
REISE KNOW-HOW
Northern Africa
The Andes
Argentina
Australia
The Balkans
Barbados
Oriental Belly Dance
Northeast Brazil
China
Cuba
Finland
Iceland
India
Ireland
Japan
Mexico
Russia, St. Petersburg
Scotland
South Africa
Switzerland
Turkey
Die Compilations der CD-Reihe sound))trip stellen aktuelle, typische Musik eines Landes oder einer Region vor.
Jede CD 50–60 Min., 22- oder 46-seitiges Booklet.
Im Buchhandel erhältlich.
Unverbindl. Preisempf.: 15,90 € [D]
Kostenlose Hörprobe im Internet.
in cooperation with
(((piranha)))
www.reise-know-how.de

Langfristige Sommerferienregelung

Bundesland	2010	2011
Baden-Württemberg	29.7.–10.9.	28.7.–10.9.
Bayern	2.8.–13.9.	30.7.–12.9.
Berlin	7.7.–21.8.	30.6.–12.8.
Brandenburg	8.7.–21.8.	30.6.–13.8.
Bremen	24.6.–4.8.	7.7.–17.8.
Hamburg	8.7.–18.8.	30.6.–10.8.
Hessen	5.7.–14.8.	27.6.–5.8.
Mecklenburg-Vorpommern	12.7.–21.8.	4.7.–13.8.
Niedersachsen	24.6.–4.8.	7.7.–17.8.
Nordrhein-Westfalen	15.7.–27.8.	25.7.–6.9.
Rheinland-Pfalz	5.7.–13.8.	27.6.–5.8.
Saarland	5.7.–14.8.	24.6.–5.8.
Sachsen	28.6.–6.8.	11.7.–19.8.
Sachsen-Anhalt	24.6.–4.8.	11.7.–24.8.
Schleswig-Holstein	12.7.–21.8.	4.7.–13.8.
Thüringen	24.6.–4.8.	11.7.–19.8.

Bundesland	2012	2013
Baden-Württemberg	26.7.–8.9.	25.7.–7.9.
Bayern	1.8.–12.9.	31.7.–11.9.
Berlin	21.6.–3.8.	20.6.–2.8.
Brandenburg	21.6.–4.8.	20.6.–3.8.
Bremen	23.7.–31.8.	27.6.–7.8.
Hamburg	21.6.–1.8.	20.6.–31.7.
Hessen	2.7.–10.8.	8.7.–16.8.
Mecklenburg-Vorpommern	23.6.–4.8.	22.6.–3.8.
Niedersachsen	23.7.–31.8.	27.6.–7.8.
Nordrhein-Westfalen	9.7.–21.8.	22.7.–3.9.
Rheinland-Pfalz	2.7.–10.8.	8.7.–16.8.
Saarland	2.7.–14.8.	8.7.–16.8.
Sachsen	23.7.–31.8.	15.7.–23.8.
Sachsen-Anhalt	23.7.–5.9.	15.7.–28.8.
Schleswig-Holstein	25.6.–4.8.	24.6.–3.8.
Thüringen	23.7.–31.8.	15.7.–23.8.

PRAXIS
Wilfried Krusekopf
REISE KNOW-HOW
Segelkünste
Hafen- und Seemanöver
Technische Ausrüstung
Gezeiten und Strömungen
Sicherheitsfragen
Knoten
Navigation
Küsten-segeln
Was Mitsegler wissen müssen

PRAXIS
Wolfram Schwieder
REISE KNOW-HOW
Richtig Kartenlesen
Maßstab

PRAXIS
Klaus Becker
REISE KNOW-HOW
Nachttauchen
Wracktauchen
Bergseetauchen
Grotten- und Höhlentauchen
Strömungs- und Flusstauchen
Tauchen in kalten Gewässern

PRAXIS
Rainer Höh
REISE KNOW-HOW
Orientierung mit Kompass und GPS
GPS-Peilung
Hilfsmittel
Grundlagen
Kauftipps
Tricks

PRAXIS
REISE KNOW-HOW
Reisefotografie digital

PRAXIS
Matthias Faermann
REISE KNOW-HOW
Sicherheit im und auf dem Meer

Anhang

Register

Der Autor

Roland Hanewald wurde 1942 in Cuxhaven (also nicht allzu weit von Föhr entfernt) geboren und wuchs an der Weser auf. Nach über zwei Dekaden als Seefahrer und einem langjährigen Aufenthalt im Inselreich der Philippinen entdeckte der Autor Anfang der neunziger Jahre seine Liebe zur heimischen Nordsee wieder. Er ließ sich bei Neuenburg in der Friesischen Wehde nieder, um als Schriftsteller und Journalist vollzeitlich tätig zu werden. Seither sind in seinem Holzhäuschen am See über 80 Bücher und mehr als 1200 Fotoreportagen entstanden, die Abnehmer in aller Welt gefunden haben.

Weitere Titel des Autors im Reise Know-How Verlag: Dänemarks Nordseeküste, Hollands Nordseeinseln, Deutschlands Nordseeinseln, Nordseeküste Niedersachsens sowie folgende Inseln: Amrum, Borkum, Helgoland, Juist, Langeoog, Norderney, Pellworm, Spiekeroog und Wangerooge.

073rh-foe Foto: rh